Oraciones que las Mujeres Oran

Momentos íntimos con Dios

Quin Sherrer y
Ruthanne Garlock

Publicado por
Editorial **Unilit**
Miami, Fl. 33172

Primera edición 1999

Originalmente publicado en inglés con el título:
Prayers Women Pray por Servant Publications
Ann Arbor, Michigan

Traducido al español por: Silvia Bolet Fernández

Producto 498219
ISBN 0-7899-0603-1
Impreso en Colombia
Printed in Colombia

Oraciones que las mujeres oran

Con toda oración y súplica orad en todo tiempo en el Espíritu, y así, velad con toda perseverancia y súplica por todos los santos.

Efesios 6:18

Dedicado a nuestras hijas y nietas.

De Quin:

Quinett, Sherry, Dana

Kara, Evangeline, Victoria

De Ruthanne:

Linda, Melody

Amanda, Rachel, Lydia

Contenido

Introducción / 15

Parte Uno: Orando con poder

Estoy demasiado ocupada como para no orar / 19
Habla, Señor, estoy escuchando / 19
Orando en armonía con la voluntad de Dios / 20
Enséñame cómo insistir en oración / 20
Gracias por el Espíritu Santo / 21
Encontrando compañeros en la oración / 22
Presta atención al llamado del ayuno y oración / 22
Mi oración más importante / 23
Escrituras para oraciones de poder / 24

Parte Dos: Pilares y ocasiones especiales

Compromiso / 26
La boda / 26
Estoy embarazada / 27
Mi primogénito / 27
Celebración de la Pascua / 28
Mi cumpleaños / 29
Mi nido está vacío / 30
Gracias por mi trabajo / 31
¡Ahora soy abuela! / 31
Nuestras reuniones de Navidad / 32
Me estoy mudando / 33
Después de las vacaciones / 33

Mi reporte de salud / 34
Recuperándote de la cirugía / 35
Crisis de madurez / 35
La muerte de mi esposo / 36
Una transición difícil / 37
La muerte está cerca / 38
Escrituras para meditar /38

Parte Tres: Orando por mis hijos

Señor danos hijos / 42
Por el hijo/a en mi vientre / 42
Gracias por mi recién nacido / 43
Protege a mis hijos / 43
Guíalos en tus caminos / 44
Equípame para amarlos de forma incondicional / 45
Mi hijo está enfermo / 46
Por mi nuevo hijo adoptivo / 47
Por un hijo incapacitado / 48
Por los hijastros / 49
Protege las mentes de mis hijos / 50
Por los amigos de mis hijos / 51
Por los maestros de mis hijos / 51
La graduación de mi hijo / 52
Mi hijo necesita un trabajo / 52
Por los empleadores de mis hijos / 53
Mi hijo está dolido / 53
Cuando mi hijo me decepciona / 54
Libra a mi hijo de la adicción /55
Mi hija soltera está embarazada / 56
Mi hijo soltero ha embarazado a una muchacha / 57
Hijos pródigos / 58
Regocijándose por el regreso del hijo/a pródigo / 59
Por la futura esposa de mi hijo / 60
La boda de mi hijo / 61
Por el futuro esposo de mi hija / 62
El día de la boda de mi hija / 63

Mi hijo se está divorciando / 64
Mi hija ha sido abusada / 65
Por mis nietos / 66
Escrituras para orar por los hijos / 67

Parte Cuatro: Orando por mi esposo

Gracias por él / 70
Fortalece a mi esposo en todas las formas /70
Bendícelo en todas las áreas de la vida / 71
Mejora nuestra comunicación / 72
Yo le perdono / 73
Oración por un trabajo para el esposo / 73
Ayúdale a ser un buen padre / 74
Saliendo por un tiempo / 75
Ayúdame a no quejarme / 75
Mi esposo no te conoce, Señor / 76
Ayúdale a ver la luz / 76
Restaura nuestro matrimonio / 77
Él desea divorciarse / 78
Escrituras para meditar / 79

Parte Cinco: Orando por la familia y las amistades

Guíame en mi oración por los demás / 82
Seres queridos que están perdidos / 83
Circunstancias tempestuosas / 84
Tiempos difíciles para nuestra familia / 84
Lejos del hogar / 85
Oración para mis colegas / 86
Que yo ame a mis padres bien / 87
Yo perdono a mis padres / 87
Mis padres están envejeciendo / 88
Señor, mis padres no te conocen / 89
Por los pecados que acosan a nuestra familia / 90
Bendice a nuestra familia y nuestro hogar / 91

La sanidad de un ser querido / 92
Escrituras para meditar / 93

Parte Seis: Oraciones para solteros

Señor, necesito un amigo/a / 96
No es fácil ser soltera / 96
Gracias por mi familia / 97
Soltera de nuevo / 97
Una relación nueva / 98
Ayúdame a alcanzar a otros / 99
Escrituras para meditar / 100

Parte Siete: Orando en medio de tiempos difíciles

Equilibrar el hogar y el trabajo / 104
Ayúdame a terminar el día / 105
El sueño se me escapa / 105
No entiendo, Señor / 106
Mi nube de depresión se está levantando / 107
Nada es imposible / 107
Acompáñame a través de mi dolor / 108
Falsamente acusado / 109
Tú eres mi roca / 110
Señor, estoy tan desilusionada / 111
Perdí un hijo / 112
Intercambiando la autocompasión
por la esperanza /113
Mi amiga ha fallecido / 114
Mi esposo se ha ido / 115
Escrituras para meditar /116

Parte Ocho: Cuando tengo temor

Señor, necesito un trabajo / 120
Echo mi preocupación sobre ti / 121

Tú eres mi refugio / 121
Victoria sobre el temor / 122
Escrituras para meditar /123

Parte Nueve: Oraciones de acción de gracias y alabanza

Digno de adoración / 126
Uniéndome al coro celestial / 127
Un año totalmente nuevo / 128
Gracias por la primavera / 129
Te alabaré pase lo que pase / 130
Gracias porque se acabó el lamento / 131
Oración de agradecimiento / 132
Escrituras para alabanza y adoración /133

Parte Diez: Purifica mi vida

Hoy, me quejé / 138
No mi voluntad, sino la tuya / 138
Que tu luz ilumine mis rincones oscuros /139
Hazme como tú / 139
Vísteme de tu fuerza / 140
Limpia mi cuenta /140
No más culpable / 141
Cuando te he fallado, Señor / 141
Venciendo el pecado / 142
Resistiendo la tentación / 142
Protégeme del Maligno / 143
Gracias por tu Espíritu Santo / 143
Dirige mi camino / 144
Mis dones espirituales / 144
Permíteme llevar fruto / 145
Escrituras para el vencedor / 146

Parte Once: Cuando necesito perdonar

Estoy enojado, Señor / 150
Ayúdame a perdonar a aquellos que me han hecho daño / 151
Ayúdame a mostrar misericordia / 152
Soy perdonado / 152
Deseo arreglar esta relación rota / 153
Escrituras para meditar / 153

Parte Doce: Orando por los vecinos, la comunidad y los líderes

Fui negligente con mi vecino / 156
Citas divinas / 156
Ayúdame con las personas que son como el papel de lija / 157
Oración para mi pastor / 158
Oración por nuestras escuelas / 159
Oración por el sistema judicial / 160
Oración por los líderes / 161
Escrituras para los líderes de nuestra nación / 161
Epílogo / 165
Bibliografía / 167

Introducción

La mayoría de las mujeres de hoy día tienen vidas ocupadas y atareadas. Quizás usted piensa que no tiene tiempo para orar. Nosotras hemos escrito este libro con usted en mente, para ayudarle a concentrarse en las cosas que a usted le gustaría conversar con Dios.

La oración es el enlace entre nosotras y Dios. Nuestra manera de comunicarnos con Él. Y nuestro tiempo de callada meditación, son los momentos cuando Dios se comunica con nosotras. Usted puede llamarle a esto "la conexión divina".

En realidad, no importa lo ocupada que usted se encuentre, nada es más importante que el mantener esa conexión viva por medio de la oración.

Le invitamos, por medio de las páginas de este libro, a que tome tiempo para tener momentos íntimos con Dios, ya sea que se encuentre en medio de momentos de tristeza o de gozo. Estos atesorados "momentos breves" le ayudarán a izar sus velas y atrapar el viento, y mantenerse estable a pesar de las tormentas de la vida.

La *forma* de su oración no es tan importante como el *hecho* de que usted ore con regularidad para mantener la "conexión divina" viable. Un lenguaje formal no es cosa necesaria. Pero sí lo es la honestidad. La oración es sólo hablar con Dios como si estuvieses hablando con tu mejor amigo. Expresa tus sentimientos más profundos. Admite tus errores. Pide Su ayuda. Espera Su respuesta.

Cuando Jesús vivía en la tierra, Él le enseñó a sus seguidores lo que se conoce como "El Padre Nuestro". Es sólo una guía que muestra los elementos que debe incluir nuestras oraciones:

- Dar adoración y alabanza a Dios
- Expresando preocupación más allá de nuestras necesidades, que la voluntad de Dios sea hecha a través de toda la tierra.

- Trayéndole a Él nuestras necesidades personales.
- Pedir perdón
- Estar dispuesto a perdonar a los demás
- Pedir por protección divina
- Reconocer y declarar el poder omnipotente de Dios.

Las instrucciones de Jesús sobre la oración

"Pero tú, cuando ores, entra en tu aposento, y cuando hayas cerrado la puerta, ora a tu Padre que está en secreto, y tu Padre, que ve en lo secreto, te recompensará en público. Y al orar, no uséis repeticiones sin sentido, como los gentiles, porque ellos se imaginan que serán oídos por su palabrería. Por tanto, no os hagáis semejantes a ellos; porque vuestro Padre sabe lo que necesitáis, antes que vosotros le pidáis. Vosotros, pues, orad de esta manera:

> "Padre nuestro que estás en los cielos,
> santificado sea tu nombre.
> Venga tu reino.
> Hágase tu voluntad,
> así en la tierra como en el cielo.
> Danos hoy el pan nuestro de cada día.
> Y perdónanos nuestras deudas,
> como también nosotros
> hemos perdonado a nuestros deudores.
> Y no nos metas en tentación, mas líbranos del mal.
> Porque tuyo es el reino y el poder
> y la gloria para siempre jamás". Amén.

Mateo 6:6-13 (LBA)

Nuestra esperanza es que su relación con Dios crezca en fervor e intimidad, mientras usted hace estas oraciones.

Quin Sherrer y Ruthanne Garlock

Parte Uno

Orando con poder

Estoy demasiado ocupada como para no orar

Señor, pensé que estaba muy ocupada para orar. No me detuve para preguntarte qué deseabas que yo hiciera hoy. Me tiré de cabeza hacia mis propios planes. Tomé demasiados desvíos. Me atrasaron, me frustraron. Cuánto necesito pedirte ti, que ordenes mi día, dirijas mis pasos, y me ayudes a no desviarme con mi "lista de cosas que tengo que hacer". Extraño nuestra conversación en la mañana. Señor, perdóname. En el nombre de Jesús, Amén.

Habla, Señor, estoy escuchando

¿Cómo escuchar de ti, Señor? Cómo deseo saber, cómo aquietar mi corazón lo suficiente como para escuchar tu instrucción de forma clara. Un millón de voces gritan y yo no puedo discernir cuál es la tuya. Lo siento, lo siento tanto. No apacigüé mi corazón para escuchar hoy tu voz a solas.

Ahora, esperaré en silencio. Háblame, Señor, estoy escuchando...

Orando en armonía con la voluntad de Dios

Señor, gracias porque puedo venir sin temor, con audacia, con confianza ante tu presencia. Revélame las cosas que necesito saber y comprender, que me ayudan a orar con más efectividad y a orar lo que está en tu corazón. Purifica mi corazón para que yo pueda pedir con la motivación correcta, con confianza de que tú deseas contestarme. ¡Gracias por el privilegio de la oración! Te alabo en el nombre de Jesús. Amén.

Enséñame cómo insistir en oración

Señor, que nos has enseñado a orar de forma específica y con insistencia, asegurándonos que cuando pedimos, tú nos escuchas. Cuando tocamos, tú abres (Lucas 11:5-13). Gracias por ser un Padre tan amoroso e interesado. Ayúdame a ser tenaz y fiel en la oración. Pero, Señor, perdóname cuando yo espero que tú me contestes de acuerdo a mi tiempo y en la forma precisa que yo deseo. Tú conoces mucho mejor que yo, mis necesidades y preocupaciones. Ayúdame a confiar en ti durante el tiempo de espera. Lo pido en el nombre de Jesús, Amén.

Gracias por el Espíritu Santo

Señor, gracias por tu don increíble del Espíritu Santo, a quien enviaste a vivir dentro de los creyentes después que Jesús se fuera de la tierra. Gracias porque cuando yo no sé con exactitud cómo debo orar, el Espíritu mismo intercede por mí de acuerdo a la voluntad de Dios, si tan sólo se lo pido (Romanos 8:26-27).

Yo me siento en silencio, esperando por las palabras para orar. Ahora, deja que tu Espíritu Santo ponga los pensamientos en mi mente, que están alineados con tu voluntad en cuanto a la situación que me preocupa. Gracias, Señor, por el Espíritu Santo, mi Ayudador. Deseo aprender cómo orar, al igual de cómo adorarte de forma más completa. Amén.

Encontrando compañeros en la oración

Padre, muéstrame con quién tú deseas que ore con regularidad. Trae el nombre de esa persona a mi mente. También mueve en su corazón, si es tu plan, que nosotras seamos un equipo de oración. Te pido que nos enseñes cómo orar en acuerdo contigo.

Señor, yo necesito un sistema de apoyo de oración. Por favor, tráeme en compañerismo con un grupo de cristianos dispuestos a ayudarme a llevar mi carga de oración. Que yo también sea de ánimo para ellos. Gracias, Señor, por estas personas especiales, que vas a traer a mi camino. Amén.

Presta atención al llamado del ayuno y oración

Señor, dame tt fuerza para ayunar y orar mientras busco Tu dirección. Sé que el ayuno puede lograr mucho en mi propia vida y también en las situaciones por las que estoy intercediendo (Mateo 6:16-18). Guíame en cuanto a cuánto tiempo ayunar. Mi espíritu está dispuesto, pero mi cuerpo en ocasiones es débil. Dame tu

sabiduría, Señor. Háblame por medio de tu Palabra, y ayúdame a glorificarte por medio de mi ayuno. Te doy gracias en el nombre de Jesús, Amén.

Mi oración más importante

Jesús, el Hijo de Dios, vino a la tierra y tomó la culpa del pecado de nuestro orgullo, rebelión y egoísmo que separaba a toda la humanidad de Dios. Cerrando así la brecha entre Dios y nosotros. Cuando nosotros confesamos nuestros pecados y recibimos su perdón, entonces podemos acercarnos con libertad a Dios con nuestras necesidades. Ore esta oración para hacer de Jesús, Señor de su vida.

Señor Jesús, yo confieso que he pecado contra ti. Por favor, perdóname por haber andado en mi propio egoísmo y límpiame. Yo te recibo como mi Señor y Salvador. Yo creo que tú eres el Hijo de Dios, quien vino a la tierra, murió en la cruz, derramó su sangre por mis pecados, y se levantó de los muertos. Dame tu fuerza, Señor. Ayúdame a vivir mi vida de forma que te agrade. Gracias por abrir el camino para yo poder orar a Dios el Padre, en tu nombre. Yo me regocijo en Tu promesa, de que viviré contigo toda la eternidad en el cielo. Amén.

Escrituras para oraciones de poder

"Dios mío, en ti confío; no sea yo avergonzado, que no se regocijen sobre mí mis enemigos".

SALMO 25:2

"¿No es éste el ayuno que yo escogí: desatar las ligaduras de impiedad, soltar las coyundas del yugo, dejar ir libres a los oprimidos, y romper todo yugo?"

ISAÍAS 58:6

"Mirad, os he dado autoridad para hollar sobre serpientes y escorpiones, y sobre todo el poder del enemigo, y nada os hará daño"."

LUCAS 10:19

"Estas cosas os he hablado para que en mí tengáis paz. En el mundo tendréis tribulación; pero confiad, Yo he vencido al mundo".

JUAN 16:33

"Pero a Dios gracias, que nos da la victoria por medio de nuestro Señor Jesucristo".

I CORINTIOS 15:57

"Pues aunque andamos en la carne, no luchamos según la carne; porque las armas de nuestra contienda no son carnales, sino poderosas en

Dios para la destrucción de fortalezas; destruyendo especulaciones y todo razonamiento altivo que se levanta contra el conocimiento de Dios, y poniendo todo pensamiento en cautiverio a la obediencia de Cristo".

2 CORINTIOS 10:3-5

"Sed de espíritu sobrio, estad alertas. Vuestro adversario, el diablo, anda al acecho como león rugiente, buscando a quien devorar".

1 PEDRO 5:8

"Por tanto, someteos a Dios. Resistid, pues, al diablo y huirá de vosotros."

SANTIAGO 4:7

"Por lo demás, fortaleceos en el Señor y en el poder de su fuerza. Revestíos con toda la armadura de Dios para que podáis estar firmes contra las insidias del diablo. Porque nuestra lucha no es contra sangre y carne, sino contra principados, contra potestades, contra los poderes de este mundo de tinieblas, contra las huestes espirituales de maldad en las regiones celestes. Por tanto, tomad toda la armadura de Dios, para que podáis resistir en el día malo, y habiéndolo hecho todo, estar firmes".

EFESIOS 6:10-13

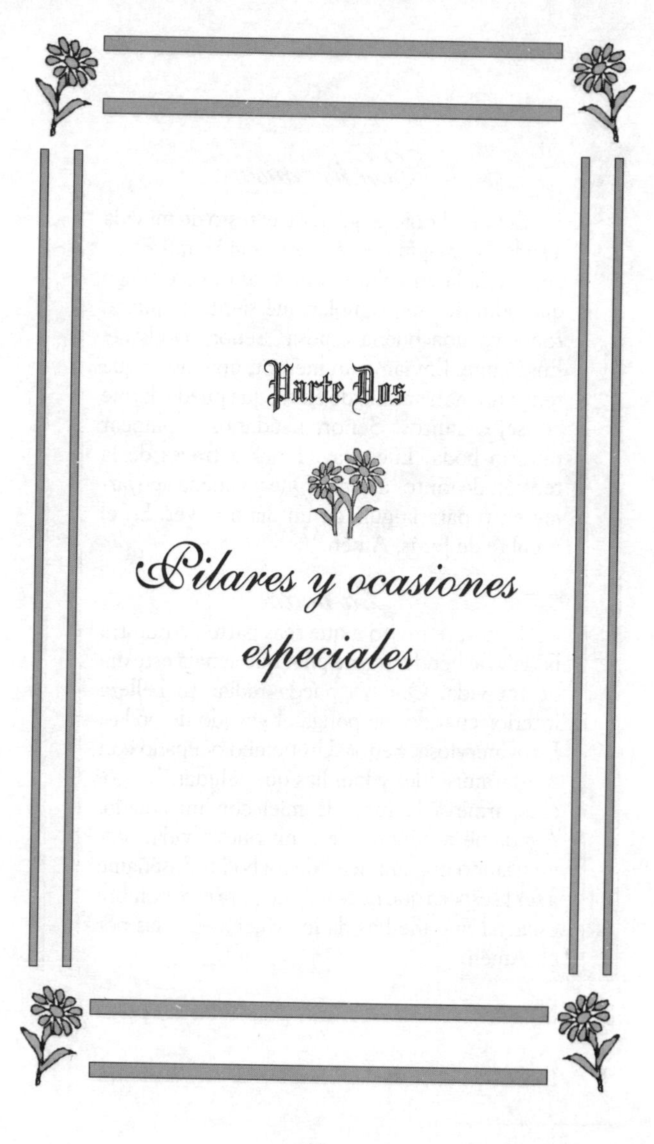

Parte Dos

Pilares y ocasiones especiales

Compromiso

Señor, él quiere que pase el resto de mi vida a su lado. Imagínate, ¡él me escogió a mí! Estoy emocionada en cuanto a mi futuro. Pero tengo que admitir, que también me siento inquieta. ¿Seré yo una buena esposa? Señor, ayúdame. Enséñame. Envíame un mentor, una mujer que tenga un matrimonio de éxito, que puede darme consejos santos. Señor, ayúdanos a planear nuestra boda. Luego ayúdanos a través de la tensión de tantos ajustes. Que yo pueda apoyarme en ti para la guía de un día a la vez. En el nombre de Jesús, Amén.

La boda

Señor, te invito a que seas parte de nuestra boda y de bendecir este pilar que señala este día de mi vida. Que yo pueda radiar tu belleza interior cuando me ponga el vestido de bodas. Estoy nerviosa, Señor. Un tiempo ocupado con tantas amistades y familias que saludar. Luego, escaparme a la luna de miel con mi amado. Ayúdame a adaptarme a mi nueva vida, ¡comenzando con la noche de mi boda! Enséñame a ser la esposa que necesito ser, para este hombre especial que me has dado. Muchas gracias por él. Amén.

Estoy embarazada

¡Estoy embarazada! Es un gozo indescriptible. Señor, te doy las gracias y alabanzas por permitirme tener la responsabilidad maravillosa de ser llamada "madre". Prepárame para la maternidad tanto física como emocional. Bendice y protege al pequeño que está en mi vientre. Ayúdame en medio de las náuseas, momentos de sueños y los antojos de comidas raras. Anima a mi esposo y ayúdalo a comprender los ajustes que tengo que hacer por causa de mi preñez. Señor, confío en ti para un buen parto. Amén.

Mi primogénito

Señor, gracias por el montoncito de carne que pusiste hoy en mis brazos. ¡Cuán precioso es tu regalo de vida! ¡Qué hermoso! Danos a mi esposo y a mí sabiduría para criar a este hijo para tu gloria. Hay tanto por delante de nosotros, pero estoy asombrada con este bebé. Tan pequeño. Tan vulnerable. Depende tanto de mí. ¡Hazme una madre capaz! Ayúdame a modelar tus caminos para que mi hijo tenga un amor y devoción hacia ti, Señor, que le dure toda su vida. Amén.

Celebración de la Pascua

Como me gusta esta temporada maravillosa, cuando celebramos tu resurrección. Gracias, Señor Jesús, por tu disposición a morir en la cruz por nuestros pecados. Y gracias por resucitar de los muertos, para darnos nueva vida. Siento tanto que el mundo hace que las personas se fijen en conejitos, huevitos adornados y chocolates en lugar de ti. Señor, ayúdame a instigar en mis hijos el milagro de tu resurrección. Yo deseo observar este día especial en una forma que te agrade a ti. En el nombre de Jesús, Amén.

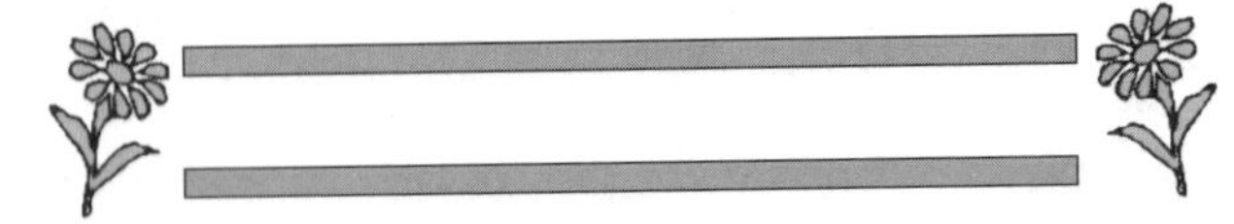

Mi cumpleaños

¡Gracias por otro cumpleaños, otro año! Algunas personas cuentan arrugas o canas. Yo cuento mis bendiciones. Gracias por mi salud, mi familia, mis amigos, mi hogar, mi alimento y techo. Señor, yo nunca deseo tomar estas cosas de balde. Gracias por sostenerme durante este pasado año. En cada problema que me encaré, Tu sabiduría me guió con fidelidad. Siempre que me sentí débil, pude reposar en tu fuerza. En el año que tengo por delante, por favor, guía mis pasos y ayúdame a reflejar tu amor a todos a mi alrededor. Tú has tenido gentileza conmigo. Gracias, Señor. Amén.

Mi nido está vacío

Cómo extraño a mis hijos desde que todos abandonaron el nido, Señor. Tal parece que sus años en el hogar se evaporaron. Ahora están en la universidad o en trabajos lejanos, y la casa se encuentra extrañamente silenciosa. Me sorprendo imaginándome lo que pueda estar haciendo alguno de ellos en un momento específico. Cuando suena el teléfono, deseo que pueda ser uno de ellos llamando a casa.

Gracias, Señor, que tus ojos están sobre cada uno de mis hijos y que tu protección continúa cubriéndoles. Prepáralos para el futuro. Ayúdales a resistir el mal y a ser ejemplos de santidad dondequiera que vayan. Tú conoces todo sobre sus errores, Señor. ¡Pero qué agradecida estoy de que puedas redimir los errores que todos nosotros hemos cometido! Ayúdame a cumplir tus propósitos para mi vida, ahora que el nido está vacío. En el nombre de Jesús, Amén.

Gracias por mi trabajo

Gracias, Señor, por un trabajo donde yo puedo usar mis talentos en una profesión que disfruto. Ayúdame a hacer mi mejor trabajo y a ser un ejemplo del carácter de Cristo a aquellos con los que me relaciono. Gracias que mi familia me anima a usar mis habilidades en el lugar de trabajo. Nunca olvidaré que tú me diste estos talentos. Ayúdame a crecer en sabiduría, Señor, y protégeme para que mi trabajo no tome prioridad sobre mi relación contigo o mi familia. Yo te alabo. Amén.

¡Ahora soy abuela!

Yo te alabo, Señor, por el don de mis nietos. Es un tiempo tan maravilloso de la vida, el disfrutar estos niños, pero no tener que llevar toda la carga de la responsabilidad por ellos. Dale a sus padres sabiduría para criarlos en tus caminos, y guíame en cómo debo orar por sus futuros. Que yo pueda ser un buen ejemplo y una compañía divertida para ellos. Hazme sensible a las necesidades especiales que ellos puedan tener y que yo pueda ayudar a suplir. Señor, yo no deseo tener favoritos entre mis nietos. Dame tu sabiduría; te lo pido en el nombre de Jesús, Amén.

Nuestras reuniones de Navidad

¡Qué tiempo del año tan glorioso, cuando celebramos tu nacimiento! Aunque el mundo ha comercializado mucho esto, es una fiesta especial que lleva tu nombre, Señor. Gracias por las oportunidades que tú proveerás para que yo pueda alcanzar a mi familia, mis amistades y demás, para tocarlos con tu amor. Oro para que tú estés presente en nuestras reuniones familiares. Ayúdame, por ejemplo, a enseñar a mis hijos y nietos la importancia de honrarte en este día especial. Señor, tú conoces todo en cuanto a distanciamiento y resentimientos entre los miembros de la familia. Oro, para que cuando nos reunamos, venga también la sanidad y la reconciliación donde sea necesaria. Gracias, Padre, por enviarnos a tu Hijo en tiempo de Navidad. Amén.

Me estoy mudando

Señor, qué difícil me resulta empacar. Estoy dejando atrás a mis vecinos, la familia de mi iglesia, y mis queridos amigos. Por supuesto, ahora estoy triste. Lloro cuando viene una amiga a despedirse. Pero yo sé que tú estás en esta mudada y que me darás nuevas amigas y una nueva iglesia. Yo puedo hacer esta transición tan sólo porque sé que tú me estás guiando y vigilando mi vida. Hazla una experiencia alegre para mí, Señor. Te doy gracias por la nueva aventura que me espera. Amén.

Después de las vacaciones

¡De nuevo en casa! El tiempo de vacaciones es divertido pero cansa. Tratamos de poner demasiadas actividades dentro del tiempo de vacaciones. Pero, Señor, aun en mi mucha ocupación, yo regresé con una nueva apreciación por nuestro hogar. Lo veo a través de nuevos ojos. No me fijaré más en sus deficiencias, tales como que necesito nuevas alfombras y pintura. Ahora lo veo como un remanso de paz para nuestra familia. Más que un techo, es un santuario. Un lugar seguro, especial donde siempre podemos reírnos, amar, jugar y orar juntos.

Gracias, Señor, por mi tiempo de vacaciones. Ha renovado mi agradecimiento por lo que tengo aquí en casa. Amén.

Mi reporte de salud

Gracias, Señor, por el examen físico que acabo de pasar, en cuyo resultado se encuentran algunos problemas menores. Necesitaré un poco de disciplina de mi parte para ejercitar y vigilar mi dieta. Pero, Señor, yo tenía tanto miedo, cuando entré, de tener algún problema médico mayor. Comprendí que mi cuerpo en realidad es el templo del Espíritu Santo, y yo deseo ser un buen administrador del templo que tú me has dado. Ayúdame a cooperar contigo para poner mi cuerpo en mejor forma. Gracias, Señor. Amén.

Recuperándote de la cirugía

Yo no tenía ninguna idea, Señor, de que tomaría tanto tiempo la recuperación de la cirugía. Estoy débil. Aún necesito el andador. He sido una mujer tan independiente. Sabes eso. Así que ayúdame a aceptar ayuda sin sentir resentimiento. Yo sé, que sólo tú puedes ayudarme en estos momentos cuando me siento tan vulnerable, frágil y poco amada. Por favor, ayúdame a recuperarme en mi cuerpo, rápido, sin ninguna complicación. Gracias, Señor, por amarme e infundirme de tu fuerza. Amén.

Crisis de madurez

Señor, mis hormonas están haciendo locuras. Fogajes. Baños de sudor. Dificultades para dormir. Pierdo el control con demasiada frecuencia. Mis nervios están de punta. Ayuda a mi esposo y a mis hijos a comprender que en estos momentos, no soy la de siempre. Señor, ayúdame a través de este tiempo difícil. Dame sabiduría para tomar las decisiones difíciles en cuanto al tratamiento médico apropiado o ayudas nutricionales. Deseo que mi vida te glorifique, no importa cuáles sean mis circunstancias. Mi esperanza está en ti, Señor. Amén.

La muerte de mi esposo

Mi corazón está vacío y también lo está mi cama. Ahora, que mi esposo se ha marchado para estar contigo, Señor, ayúdame a ajustarme al papel de estar sola de nuevo. Odio la palabra "viuda". Ni siquiera puedo ponerme en esa categoría. Viudez.

Gracias por mi esposo y la vida abundante que pasamos juntos. Aunque nosotros no tuvimos necesariamente las riquezas de este mundo, nos teníamos el uno al otro. No me daba cuenta cómo dependía de él para todo. Ahora tengo tanto que hacer, papeles que firmar, decisiones que tomar, cartas que escribir, armarios y gavetas que vaciar. Y no puedo cesar de llorar. Las lágrimas se asoman cada vez que pienso en él, Señor, ayúdame en este momento, la etapa más difícil de mi vida hasta el momento. Gracias de que puedo apoyarme en ti. Amén.

Una transición difícil

Señor, yo no quiero hacer esta mudada. No siento el deseo, físico ni emocional. Es difícil pensar tener que dejar atrás la mayoría de las pertenencias de toda una vida y mis vecinos cercanos, para mudarme a un hogar de ancianos. Tengo miedo. Estoy confundida. En realidad no quiero mudarme. Señor, muéstrame algo positivo que salga como resultado de esta transición. Cambia mi actitud. Sea tu voluntad sobre mí en mi nuevo ambiente. Yo me someto a tu plan para mi vida, aun en los últimos años de mi vida. Ayúdame a ser una mujer de gracia y dignidad para ti. En el nombre de Jesús, Amén.

La muerte está cerca

Lo siento en mi espíritu. Señor, no pasará mucho tiempo antes de que mi vida en la tierra llegue a su fin. Prepárame a mí y a mis hijos para ese día. Mi partida será dolorosa para ellos, pero gloriosa para mí. Mi cuerpo viejo se está desgastando. Estoy lista para partir. Cuán mucho más fácil lo es para mí, porque yo sé que Jesús ha ido delante para preparar un lugar para mí en el cielo. Ayuda a mi familia a aceptar el paso de mi vida hacia mi nueva vida contigo, como otra señal. Que ellos estén mejor preparados para su propia muerte, mientras me ven asida a ti en mis últimos días. Dame paz, a medida que paso a tu presencia. Precioso Señor,... toma mi mano. Amén.

Escrituras para meditar

"¿O no sabéis que vuestro cuerpo es templo del Espíritu Santo, que está en vosotros, el cual tenéis de Dios, y que no sois vuestro? Pues por precio habéis sido comprados; por tanto, glorificad a Dios en vuestro cuerpo y en vuestro espíritu, los cuales son de Dios".

I CORINTIOS 6:19-20

"Porque Dios es quien obra en vosotros tanto el querer como el hacer, para su beneplácito".

FILIPENSES 2:13

"Sea vuestro carácter sin avaricia, contentos con lo que tenéis, porque él mismo ha dicho: Nunca te dejaré ni te desampararé".

HEBREOS 13:5

"El Señor es mi pastor, nada me faltará. En lugares de delicados pastos me hace descansar; junto a aguas de reposo me conduce. Él restaura mi alma; me guía por senderos de justicia por amor de su nombre. Aunque pase por el valle de sombra de muerte, no temeré mal alguno, porque tú estás conmigo; tu vara y tu cayado me infunden aliento. Tú preparas mesa delante de mí en presencia de mis enemigos; has ungido mi cabeza con aceite; mi copa está rebosando. Ciertamente el bien y la misericordia me seguirán todos los días de mi vida, y en la casa del Señor moraré por largos días".

SALMO 23:1-6

"Si digo: Ciertamente las tinieblas me envolverán, y la luz en torno mío será noche; ni aun las tinieblas son oscuras para ti, y la noche brilla como el día. Las tinieblas y la luz son iguales para ti. Porque tú formaste mis entrañas; me hiciste en el seno de mi madre. Te alabaré,

porque asombrosa y maravillosamente he sido hecho; maravillosas son tus obras, y mi alma lo sabe muy bien. No estaba oculto de ti mi cuerpo, cuando en secreto fui formado, y entretejido en las profundidades de la tierra. Tus ojos vieron mi embrión, y en tu libro se escribieron todos los días que me fueron dados, cuando no existía ni uno solo de ellos. ¡Cuán preciosos también son para mí, oh Dios, tus pensamientos! ¡Cuán inmensa es la suma de ellos! Si los contara, serían más que la arena; al despertar aún estoy contigo.

SALMO 139:11-18

"En la casa de mi Padre hay muchas moradas; si no fuera así, os lo hubiera dicho; porque voy a preparar un lugar para vosotros".

JUAN 14:2

"Señor, tú has sido un refugio para nosotros de generación en generación.... Enséñanos a contar de tal modo nuestros días, que traigamos al corazón sabiduría".

SALMO 90:1,12

Parte Tres

Orando por mis hijos

Señor danos hijos

Padre Celestial, ves nuestra cuna vacía, y ves nuestro gran deseo de tener hijos. Tu Palabra confirma que en realidad tú eres un Padre para nosotros, y nosotros sabemos que tú tienes un amor especial por los niños. Señor, oramos para que contestes el clamor de nuestro corazón por un hijo, ya sea por nacimiento o por adopción. Pero nosotros sometemos nuestra voluntad a ti y confiamos en tu gran plan y propósito para nuestras vidas. Por favor, Señor, haz que tu presencia y tu paz nos sostenga mientras esperamos en ti. En el nombre de Jesús, Amén.

Por el hijo/a en mi vientre

Señor, oro por el hijo/a que cargo en mi vientre. Aun desde esta temprana etapa, que este bebé pueda sentir mi amor y aceptación. ¡Oh, los sueños y planes que tengo para él o ella! Pero, Señor, ayúdame a estar dispuesta a echarlos a un lado para dejar espacio a tus mejores propósitos. Estoy confiando en ti, Señor, para que me ayudes a llevar esta criatura a término y tener un buen parto. Sé tú con todos los doctores y enfermeras que estarán asistiéndome. Dales sabiduría más allá de sus experiencias durante el nacimiento de mi bebé. ¡Gracias, Señor, por dar la vida! Amén.

Gracias por mi recién nacido

Señor, cómo te alabo por esta nueva vida que me has confiado. Mi hijo/a ha sido hecho de forma asombrosa y maravillosa. Los hijos son una recompensa tuya, así que te bendigo por esta bendición. Ayúdame para criar con sabiduría a mi hijo. Que este querido bebé pueda crecer en sabiduría y estatura y favor con Dios y con el hombre, como lo hizo Jesús. Por favor, protege y dirige sus pasos, y que mi hijo pueda traerte a ti, honor y gloria. Oro en el nombre de Jesús, Amén.

Protege a mis hijos

Padre Dios, creador de todas las cosas, te doy gracias por el don de mis hijos. Te pido que envíes ángeles a vigilar sobre ellos y protegerlos en todos sus caminos (Salmo 91:11). Envía amigos cristianos a sus vidas para que les ayude y que sean de santa influencia. Señor, qué maravilloso privilegio y responsabilidad el ser padre. Ayúdame a discernir cuando mis hijos necesitan oraciones especiales o mi ayuda. Dame sabiduría para ser la madre que necesito ser, y ayúdame a ser una amiga comprensiva para ________ (nombre o nombres). Gracias, Señor. Amén.

Guíalos en tus caminos

Padre, que mis hijos cumplan tu plan y propósito para sus vidas. Que el Espíritu del Señor sea sobre ellos... "Espíritu de sabiduría y de inteligencia, espíritu de consejo y de poder, espíritu de conocimiento y de temor del Señor..." (Isaías 11:2). Señor, yo pongo a mis hijos en tus manos. Gracias que tú los amas más que yo, que tus planes para ellos son para su bien y paz, no para mal y que tú les darás el futuro que esperan (Jeremías 29:11). Amén.

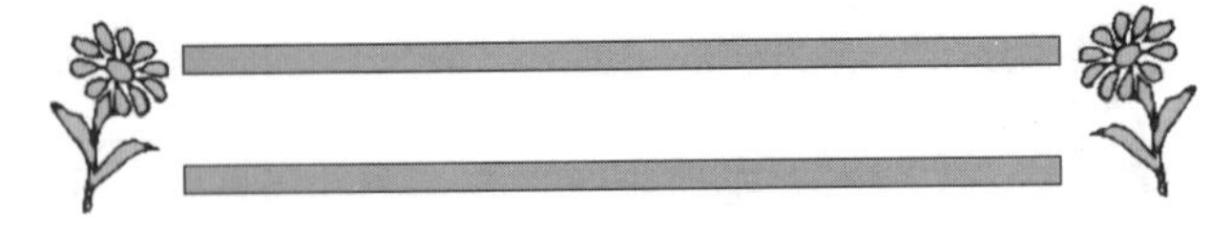

Equípame para amarlos de forma incondicional

Gracias, Señor, por amarnos sin condición y por ayudarnos a hacer lo mismo por nuestros hijos. Padre, que yo pueda como tú, ser un perdonador perpetuo. Admito que cuando mis hijos prueban mi paciencia, ellos no son fáciles de amar, con mi propio amor humano. En esos momentos, equípame para amarlos con tu amor (Romanos 5:5).

Ayúdame a mostrarles a nuestros hijos el hermoso regalo que ellos son y cuánto les amamos, apreciamos y atesoramos. Guíanos en cómo poder ser mejores padres. En el nombre de Jesús, te lo pido, Amén.

Mi hijo está enfermo

Querido Jesús, yo sé que te interesaban lo suficiente los niños pequeños cuando caminabas en la tierra, como para tocarlos y sanarlos. Mi hijo/a está enfermo y necesita tu suave toque. Señor, pedimos por el médico correcto, el hospital correcto y el tratamiento correcto. Más que nada, te necesitamos a ti, El Gran Médico. Danos sabiduría para hacer las decisiones correctas. Dales a los médicos sabiduría en el tratamiento. Señor, yo sé que tú puedes sanar instantáneamente si lo deseas. Clamo a favor de mi hijo/a. Por favor, sana esta enfermedad. Gracias. Amén.

Por mi nuevo hijo adoptivo

Padre celestial, gracias por la oportunidad que me has dado para criar este precioso niño, este don maravilloso. Que puedas mostrarme cómo amar y cuidar a ______, para que él/ella pueda crecer para conocer y honrarte a ti. Bendice su vida con tu amor y paz. Ayúdame a ser una madre excelente; y que este hijo/a nunca pueda sentirse rechazado o abandonado. Señor, te agradezco por los padres naturales que trajeron a ______a este mundo, y pido tu bendición sobre ellos también. Yo consagro a este hijo/a ti. En el nombre de Jesús, Amén.

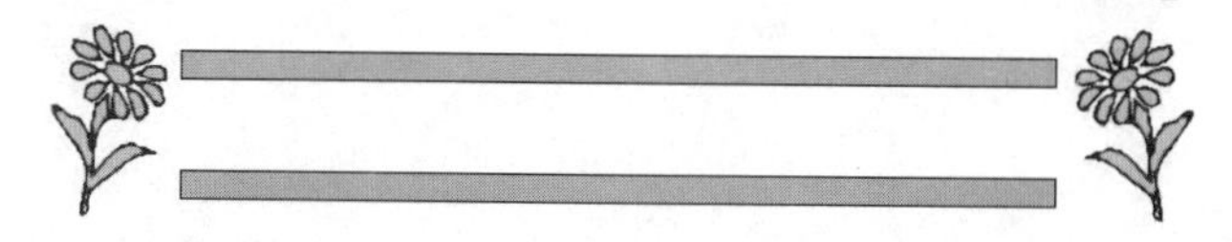

Por un hijo incapacitado

Dios, gracias por confiar en mí para cuidar este hijo/a especial que has traído a mi familia. Ayúdame a nunca olvidar que es un privilegio el cuidar a este querido hijo/a. Confío que harás de este niño/a una bendición, no importa sus limitaciones. Yo sé que tienes un plan para ________, de la misma forma que lo tienes para nuestros otros hijos. Cuando me desanimo, dame de tu amor incondicional para derramarlo en este niño y fuerza y sabiduría para suplir esas necesidades especiales. Gracias por suplirlas, Señor. En el nombre de Jesús, Amén.

Por los hijastros

Señor, muéstrame formas creativas para expresar tu amor y el mío a mis hijastros. Sabes que en ocasiones me enojo con ellos. Pero necesito ver a cada uno de mis hijos e hijastros como tú los ves. Ayúdame a ser más amorosa y comprensiva. Muéstrame cuándo hablar y cuándo hacer silencio. Cuándo disciplinar y cuándo ser más condescendiente. Ayúdanos a ser lo suficiente honesto para comunicarnos con libertad, sin herirnos los unos a los otros.

Gracias por las buenas cualidades de mis hijastros, Señor, y por todos los potenciales de sus vidas. Te pido que sanes sus heridas y desilusiones. Señor, bendice a los padres de los que están separados. Que Jesús sea el Señor de todas nuestras vidas. En su nombre oro, Amén.

Protege las mentes de mis hijos

Señor, protege las mentes de mis hijos. Ayúdame a dirigir su aprendizaje en la forma apropiada. Qué fácil es para el punto de vista del mundo, tan contrario a tus caminos, el deslizarse a sus mentes a través de los juguetes, televisión, juegos, libros, películas, amistades y maestros. Dales sabiduría para que escojan tus mejores caminos. Ayúdales a filtrar aquellas filosofías que no son santas ni verdaderas, con las que a diario los bombardean.

Dales a mis hijos como le diste a Daniel, "conocimiento y entendimiento de todo tipo de literatura y aprendizaje". Ayuda a mis hijos a comprender los tiempos en los que ellos viven y provéeles con fuerza y sabiduría para servirte en estos tiempos (Daniel 1:17,20). Gracias en el nombre de Jesús, Amén.

Por los amigos de mis hijos

Gracias, Señor, por los amigos de mis hijos. Que sean ellos una bendición los unos a los otros. Yo continúo orando para que los amigos adecuados entren a la vida de mis hijos en el momento apropiado. Ya que tu Palabra dice que las malas compañías corrompen la buena moral, te pido que los protejas de las malas amistades e influencias. Ayúdales a ser fuertes en ti, Señor. Amén.

Por los maestros de mis hijos

Señor, tú nos pediste que orásemos por aquellos en autoridad sobre nosotros. Mis hijos tienen muchos maestros en autoridad sobre ellos, y yo te pido que bendigas a cada uno de ellos. Revélales tu amor a ellos, y suple sus necesidades. Haz que ellos tengan sabiduría santa que impartir a mis hijos. Evita que desvíen a sus estudiantes con ideas contraria a tu Palabra. Te pido que dirijas a mis hijos hacia los maestros y ejemplos de donde ellos puedan mejor aprender y prepararse para el futuro. Gracias por cada uno de estos maestros, Señor. Amén.

La graduación de mi hijo

¡Comienzo! Un nuevo empezar. Gracias, Señor por este gran día. Con todas las felicitaciones habiendo sido dadas, no puedo dejar que pase el día de graduación, sin reconocer tu ayuda para que mi hijo/a llegase a este momento. Sé con_______ durante las ceremonias de este día. Estamos tan orgullosos de nuestro/a hijo/a por perseverar hasta alcanzar esta meta. Protégelo esta noche de peligro durante la celebración. Continúa dirigiéndole en sus decisiones y planes futuros. Universidad. Carrera. Matrimonio. Gracias, Señor, ¡que podemos confiar en ti para todo esto! Amén.

Mi hijo necesita un trabajo

Señor, mi hijo/a ha buscado y buscado el trabajo correcto, sin éxito. Por favor, abre pronto la puerta de la oportunidad. Muéstrale cómo pasar el proceso de solicitud y dale favor en el momento de la entrevista. Combina los talentos de _______ con los de la compañía que necesita sus talentos. Luego, ayuda a mi hijo/a a reflejar tu amor en el lugar de empleo. Gracias, Señor, por tu provisión. Yo sé que nada es imposible para ti. Amén.

Por los empleadores de mis hijos

Estoy tan agradecida, Señor, por aquellos que emplean a mis hijos en el lugar de trabajo. Los trabajos hacen posible que ellos usen sus talentos en una labor que provee remuneración y les da satisfacción para hacer algo que ellos disfrutan. Bendice a sus empleadores, y que mis hijos continúen hallando favor con ellos y contigo. Dales sensibilidad para saber cómo lidiar con su jefe que está teniendo un mal día. Dales creatividad al hacer sus tareas. Ayúdales a brillar para ti dondequiera que vayan. Gracias por tus bendiciones, Señor. Amén.

Mi hijo está dolido

Señor, mi hijo está herido. Dolido. Estoy a su lado impotente, incapaz de hacer nada para aliviarle el dolor y desencanto de ________. Sólo Tú puedes traer sanidad. Deja que tu bálsamo de alivio sea derramado sobre todas las heridas emocionales que este incidente ha causado. Sana el corazón roto de ______ y los recuerdos asociados con esto. Ayúdame a hablar palabras de aliento, bendición y esperanza en la vida de mi hijo/a y amarle incondicionalmente. Te lo pido en el nombre de Jesús. Amén.

Cuando mi hijo me decepciona

Señor, admito que hay momentos en que me siento tan decepcionada con _______que no puedo ver nada bueno ni positivo en él/ella. Perdóname por sólo ver las imperfecciones, olvidando que necesito confiar en ti, que haces todo en el momento oportuno y en el tiempo correcto. Señor, sólo tú conoces las profundas necesidades del corazón de mi hijo/a. Sólo tú conoces una situación en específico de _____ está lista para recibir tu respuesta. Ayúdame para convertir los momentos de decepción y sufrimiento esperando delante de ti en algo fructífero para el futuro. Yo te entrego a ____ en tus manos, Padre, y te doy gracias porque la victoria está en camino para mi hijo/a, que nos diste. Oro en el nombre de Jesús, con agradecimiento por todas tus bendiciones. Amén.

Libra a mi hijo de la adicción

Señor, te alabo por ser el Gran Libertador. Te pido que te muevas con poder a favor de mi hijo/a, ______. Líbrale del mal. Muéstrale a él/ella una vía de escape. Dale convicción de este pecado tan destructivo que impide que él/ella reciba de tu amor. Padre, gracias por la promesa en Tu Palabra que dice que: "Ciertamente el malvado no quedará sin castigo, mas la descendencia de los justos será librada" (Proverbios 11:21). Yo soy justa por causa de la sangre de Jesús, y ______es mi descendencia. Así, Señor, estoy confiando en que le librarás de esta trampa y le establecerás en tu plan perfecto. Gracias, porque lo que el enemigo desea para mal, tú lo puedes cambiar para bien (Génesis 50:20). Te alabo en el nombre de Jesús, Amén.

Mi hija soltera está embarazada

Señor, estoy tan decepcionada porque ____ ____está embarazada. Incluso molesta porque su decepción ha causado este dilema. Ayúdame a perdonarla por haber tenido sexo fuera del matrimonio. Yo reconozco que esto fue un pecado, y te pido que perdones a ambos y traigas sanidad por este dolor. Padre, tú eres el dador de la vida. Por favor, protege a ____y la criatura en su vientre. Dales tu consuelo y revélale tu amor a ella.

Gracias, Señor, por perdonarme a mí y a mis hijos por las veces que nos hemos fallado el uno al otro y por las veces que te hemos fallado. Ayúdanos a caminar en perdón cuando otras personas no comprendan por lo que estamos pasando. Señor, sana las relaciones rotas en nuestra familia y haz algo hermoso de toda esta odisea. Danos tu sabiduría por las decisiones que debemos tomar. Padre, en el nombre de Jesús clamamos a ti por misericordia y fortaleza en nuestro momento de necesidad. Amén.

Mi hijo soltero ha embarazado a una muchacha

Señor, debo confesar que estoy enojada porque ________ ha dejado a una muchacha embarazada. Ruego tu perdón por su comportamiento tonto. Ayúdame a mí también a perdonarlos, Señor. Dales sabiduría en cuanto a lo que deben hacer, en especial a la luz del futuro del bebé. ¿Deben casarse, o permitir que el bebé se dé en adopción? Mi clamor es que ellos no escojan el aborto, sino que dejen que este bebé viva.

Señor, estoy muy dolida por sus pecados, sin embargo, reconozco que tú eres el dador de la vida. Oro por la criatura en el vientre, que él/ella cumpla tu propósito. Protégele de los sentimientos de rechazo. Bendice a la joven mamá de mi nieto/a que puede que nunca llegue a conocer. Ayúdame a mostrar tu amor hacia ella y hacia mi hijo. Oro en el nombre de Jesús, Amén.

Hijos pródigos

Señor, que nuestros hijos pródigos "vuelvan en sí, y escapen del lazo del diablo" (2 Timoteo 2:26), como lo hiciera el Hijo Pródigo en la parábola que Jesús contó. Señor, anticipamos el día cuando por medio de la oración y la fe, nuestros hijos pródigos vuelvan sus corazones hacia ti. Te alabamos por lo que estás haciendo en sus corazones, incluso en estos momentos, para acercarlos a Jesús. Danos de tu amor divino para nuestros hijos, aun para los rebeldes, aquellos caprichosos.

Ayúdanos a verlos como tú los ves y a comunicarnos de forma más clara con ellos. Nos paramos en tu Palabra que dice que *nada* es imposible contigo. En el nombre de Jesús, Amén.

Regocijándose por el regreso del hijo/a pródigo

Gracias, Señor, por el regreso al hogar del hijo/a pródigo, a ti y a nosotros. Cómo te alabamos por esta brecha de victoria, por esta respuesta a la oración. Continuamos creyendo tus promesas hechas a nosotros de que nuestros otros hijos regresarán.

Reclamo la promesa que dice que tú lucharás con aquellos que luchan en contra mía, y salvarás a mis hijos (Isaías 49:25). Gracias porque tú traerás de regreso de la tierra del enemigo aquellos me han traicionado (Jeremías 31:16). Me regocijo en tus promesas hechas a mí, de que tus propósitos serán hechos en sus vidas. Gracias por el don de estos hijos preciosos. Dame fuerza para continuar de pie en la brecha en oración por ellos. En el nombre de Jesús, Amén.

Por la futura esposa de mi hijo

Padre Dios, envía al Espíritu Santo a presentarle a él, a su futura esposa. Que ella tenga los atributos de una mujer y madre piadosa. Te agradezco de antemano el que ella será una joya como la esposa virtuosa de Proverbios 31. Que ambos puedan amar y servir al Señor Jesús todos sus días. Señor, oro para que cuando esta especial joven entre a la vida de ________, él lo sepa y sea guiado por ti para el momento de su matrimonio. Gracias por mostrarme cómo orar por ellos en el futuro. Amén.

La boda de mi hijo

Señor, él se va a casar. ¡Gracias que la encontró! Mi corazón se llena de gozo por la anticipación que él siente de comenzar su propio hogar. Señor, desde el comienzo tú dijiste que el hombre debería dejar a su padre y a su madre y unirse a su mujer (Génesis 2:24). Como su madre yo le dejo ir, este buen joven que tú confiaste a nuestra familia. Ayúdame a amar a esta joven como a mi propia hija.

Oro para que estés presente en su boda y para que todo el que asista te pueda sentir. Y a medida que comienzan su nuevo hogar, que tú tengas el primer lugar allí. Cuando vengan las tormentas de la vida, que tú seas el ancla de su fe. Señor, bendice su unión. En el nombre de Jesús, Amén.

Por el futuro esposo de mi hija

Señor, tú ves el gran deseo de mi hija por casarse. Te pido que le traigas el esposo de ________, a su camino en tu perfecto tiempo, y ayúdala a estar conforme hasta que él llegue. Protege a mi hija para que no se case fuera de tu voluntad. Que su esposo ame al Señor con todo su corazón y abrace a Jesús como su Salvador personal.

Gracias, Señor, porque los talentos y dones de ________que ahora son usados en la obra de tu reino complementarán los talentos de aquel que Tú estás preparando para ella. Yo pronuncio una bendición sobre ellos y te doy gracias por adelantado por lo que tú has planeado para sus vidas. Gracias por mi futuro yerno. Bendícelo dondequiera que se encuentre. Amén.

El día de la boda de mi hija

Es su día de bodas, Señor. Con tu ayuda yo la he preparado lo mejor que he sabido hacer, y ahora la entrego de mi casa a su esposo. Ella es una novia hermosa, pero Señor, te doy gracias por su belleza interior que brilla a través de ella por causa de que te conoce. Ahora, posiblemente, siente mariposas en el estómago, o quizás alguna duda. Apacigua su espíritu. Dale de tu paz. Ayúdala a disfrutar este día.

Gracias por dárnosla a nosotros durante estos cortos años. Ahora, dale sabiduría para ser la esposa y madre que tú deseas que sea. Yo espero con ansias nuestra nueva relación. Ayúdame para estar presente cuando ella me lo pida, pero no a interferir cuando no se me pide. Ayúdala a descansar en ti para ser guiada en su nuevo papel.

Ayúdanos a abrazar a _________ a nuestra familia como yerno, para que él se sienta amado y aceptado. Pido que tu presencia y bendición sean con _______ y _______ hoy, en su día de bodas. Amén.

Mi hijo se está divorciando

Señor, tú ves lo decepcionada que estoy porque el matrimonio de mi hijo ha fracasado. Tú conoces las razones detrás de esto, y ves todo el dolor que nuestra familia está sufriendo por esta causa. Estoy agradecida de que estés en el negocio de restaurar los corazones rotos y sanar las familias dañadas. Ayuda a _______a adaptarse a estar soltero de nuevo, y ayúdale a él/ella a lidiar con sus sentimientos de fracaso.

Dale sabiduría para saber cómo manejar los problemas que encararán los hijos. Cubre a todos ellos con tu amor y protección. Ayúdame a consolar a _________con amor y comprensión. Guíame en mis oraciones por cada uno de ellos en el futuro. Pido esto en el nombre del Salvador, Amén.

Mi hija ha sido abusada

Dios, tú ves el abuso que mi hija ha sufrido, pero te doy gracias porque tú eres un Dios que sana. Te pido que dejes que tu bálsamo de sanidad la toque ahora. Por favor, lidia con este hombre que la ha herido.

Ayuda a __________ para que recupere su estima propia y sepa el valor que ella tiene en tus ojos. Borra los efectos de todas las palabras malsanas y dañinas que se hablaron en su contra. Dame sabiduría para ofrecerle un amor incondicional en los días venideros, y guíame para orar por ella. Protégela de amenazas y acusaciones. Señor, ella necesitará tanto de ti. Por favor, ofrece provisión, protección y dirección. Te lo pido en el nombre de Jesús, Amén.

Por mis nietos

Gracias, Señor, por el don de mis nietos. Oro por tu protección y bendición sobre cada uno de ellos... *(nombre cada uno por su nombre)*. Que ellos puedan ser fuertes y valientes durante toda sus vidas y no sean temerosos ni sientan terror porque tú, Señor, estarás con ellos y nunca les abandonarás (Deuteronomio 31:6). Oro para que cada nieto aprenda a escuchar tu voz y te siga durante toda sus vidas. Amén.

Escrituras para orar por los hijos

Que Cristo sea formado en vosotros.

GÁLATAS 4:19b

Que nuestros hijos, la descendencia de los justos, será librada del maligno

PROVERBIOS 11:21; MATEO 6:13

Todos tus hijos serán enseñados por el Señor, y grande será el bienestar de tus hijos

ISAÍAS 54:13

Por la práctica tengan los sentidos ejercitados para discernir el bien y el mal y ...una petición a Dios de una buena conciencia.

HEBREOS 5:14; 1 PEDRO 3:21

Que las leyes de Dios estén en la mente de ellos y las escribas sobre sus corazones.

HEBREOS 8:10b

Que ellos escojan compañeros que sean sabios, no tontos, ni inmorales sexuales, ni borrachos, ni idólatras, ni calumniadores, ni estafadores.

PROVERBIOS 13:20; 1 CORINTIOS 5:11

Que se mantengan sexualmente puros y se guarden sólo para sus cónyuges, pidiéndole a Dios por su gracia para mantener el compromiso.

EFESIOS 5:3, 31-33

Que ellos honren a sus padres.

EFESIOS 6:1-3

Parte Cuatro

Orando por mi esposo

Gracias por él

Señor, gracias por mi esposo. Yo atesoro los años que hemos pasado juntos. Bendice su vida en abundancia. Bendice la obra de sus manos, su labor por nosotros, su familia. Te doy gracias por todas sus buenas cualidades. Él ha sido un buen padre, un buen esposo y un buen proveedor. Muéstrame las formas en que puedo dejarle saber cuánto le aprecio. En el nombre de Jesús, Amén.

Fortalece a mi esposo en todas las formas

Padre, bendice a mi esposo y nuestro matrimonio. Que él pueda tratarme con respeto, amándome como Cristo amó a la iglesia. Como esposa, que yo sea más preciada que los rubíes para mi esposo, trayéndole a él bien y no mal, todos los días de nuestra vida. Gracias por este hombre que es el compañero de mi vida. Ayúdame a expresarle cuánto le reverencio y confío en él. Padre, enséñame cómo orar con más efectividad por él. Lo pido en el nombre de Jesús, Amén.

Bendícelo en todas las áreas de la vida

Mi esposo necesita dirección para nuestra familia, Señor. Fortalécelo para que sea un padre sabio y amoroso para nuestros hijos. Que él pueda crecer en favor contigo y con su jefe y asociados en el trabajo. Que pueda caminar en salud, teniendo su fortaleza renovada como las águilas. Gracias por los planes que tienes para él, Señor. Gracias por derramar tus bendiciones sobre sus hijos y nietos. Amén.

Mejora nuestra comunicación

Señor, tú ves los eslabones débiles en nuestro matrimonio que necesitan ser fortalecidos. Yo admito mi culpa en la rotura de nuestra comunicación, por mi titubeo para compartir lo que está en mi corazón. En ocasiones él parece ser sordo y no estar interesado cuando trato de hablar con él. Entonces le doy el tratamiento del silencio. Ayúdame a estar dispuesta a ser más abierta y vulnerable, aunque puede que me hiera. Señor, tal parece que cuando hablo, él toma la conversación a ligera. Yo añoro tener un matrimonio sólido y feliz. Poder hablar con libertad a este hombre con el que me casé cuando él era mi mejor amigo. Dame maneras prácticas para hacer mejor nuestro matrimonio. Para restaurar la cercanía que disfrutábamos antes. Gracias, Señor. Amén.

Yo le perdono

Señor, hoy escojo perdonar a mi esposo por herirme. Por favor dame tu amor para amarlo. Él no quiso herirme intencionalmente, pero yo lo recibí como una flecha dirigida a mi corazón. Así que ahora te entrego mi dolor y te pido que quites la pena. De nuevo te doy gracias por este hombre que me diste como mi compañero de matrimonio. Señor, que el Espíritu Santo traiga tu paz a ambos. Amén.

Oración por un trabajo para el esposo

Él necesita trabajo. Señor, facilita el trabajo correcto. Que sea uno donde sus habilidades puedan ser usadas mejor. Guárdalo del desánimo y el desespero. Ayúdalo a que no se sienta inferior e insignificante por causa de no estar trabajando en estos momentos. Muéstrame cómo animarlo durante este tiempo transitorio en su vida. Gracias porque tú proveerás para las necesidades de nuestra familia de alguna forma, mientras él no esté trayendo a la casa un cheque de pago. Yo confío en ti, mi Salvador. Amén.

Ayúdale a ser un buen padre

Señor, ayuda a mi esposo a ser el padre que tú deseas que él sea. Inspíralo a poner el periódico a un lado cuando los niños desean hablar. Ayúdalo a interesarse en sus pasatiempos y ocuparse de sus estudios. Protégelo para que no sea un adicto al trabajo. Señor, todas las horas que él pasa en su trabajo no pueden reemplazar la necesidad que nosotros tenemos de que él esté con nosotros físicamente en la casa, ocupándose de nuestras actividades y preocupaciones. Háblale a él, Señor, sobre lo breve que es el tiempo en que tendremos los niños con nosotros. Y lo importante que es para él, infundir en ellos sus atributos positivos. Gracias por escucharme, Señor. Amén.

Saliendo por un tiempo

Él se fue esta semana en un viaje de negocio. Lo extraño tanto. Abrázalo mucho por mí esta noche, Señor, y manténlo a salvo. Ayúdalo con los contactos de negocio que él necesita. Debe ser frustrante vivir de una maleta y dormir en distintas habitaciones de hoteles cada noche. Suaviza la tensión y déjalo sentir tu amor, aceptación y favor acerca de la asignación de su trabajo. Déjalo saber cuánto le amo y admiro. Dale un sueño agradable. Despiértalo en la mañana refrescado, renovado. Gracias, Señor. Amén.

Ayúdame a no quejarme

Señor, cuando mi esposo regresa a casa con la ropa sucia y mugrienta, ayúdame a no quejarme tanto por tener que limpiar el reguero. Él huele a gasolina, aceite y mugre porque trabaja muy duro para mantener nuestra familia. Dame una actitud de gratitud por este mi hombre. Ayúdanos a mí y a los niños para saber mostrarle nuestro aprecio y para animarlo. Gracias, Señor. Amén.

Mi esposo no te conoce, Señor

Señor, mi esposo no te conoce, y eso me duele. Yo sé que tú le amas, y que Jesús vino y murió para salvar al perdido. Revélale esta verdad. Abre sus ojos, Señor, y pásalo de las tinieblas a la luz, para que él pueda recibir perdón de pecados y una herencia entre aquellos que han sido santificados por la fe en ti (Hechos 26:18).

Gracias por trabajar en su vida hasta que esta oración sea contestada. En el nombre de Jesús, Amén.

Ayúdale a ver la luz

Padre Celestial, vengo a ti en lugar de mi esposo __________. Él luce tan vulnerable para ser engañado. Guíalo en tus caminos y ayúdalo a evitar las trampas del Maligno. Dale el deseo de leer tu Palabra y recibir tu dirección. Revélale tu amor para con él.

Oro para que tú le envíes un hombre santo que comparta el evangelio con él de tal forma que él pueda comprender y recibir. Gracias, Señor, por tu fidelidad. Amén.

Restaura nuestro matrimonio

Padre, hoy traigo a ti las áreas rotas de mi matrimonio y te pido que comiences una obra de restauración. Perdóname por tratar de controlar a mi esposo en lugar de entregártelo en tus amorosas manos. Muéstrame mis actitudes equivocadas que necesitan ser más amorosas y parecidas a Cristo. Señor, te pido que envíes al camino de mi esposo un consejero sabio que le hable la Palabra de Dios a su vida. Revela tu gran amor a nosotros, y extiende sobre nosotros tu misericordia. Señor, oro para que tú restaures nuestro matrimonio y hagas que nuestro hogar produzca gloria y honor a ti. Lo pido en el nombre de Jesús, Amén.

Él desea divorciarse

Señor, yo no veo salida a este divorcio. Él lo desea. Él insiste en ello. Otra mujer está esperando. Estoy tan herida y me siento tan traicionada, que no sé ni qué hacer. Ayúdanos a ambos a pasar estos días venideros tan difíciles, sin más conflicto, palabras hirientes y acusaciones.

Ayuda a mi esposo a responder a tu verdad, Señor. Dame sabiduría para responder en esta crisis, e imparte de tu paz sobre mí. Guíame, paso a paso en los días que se avecinan, y líbrame a mí y a mis hijos de la amargura. En el nombre de Jesús, Amén.

Escrituras para meditar

"Y el Señor, Dios dijo: No es bueno que el hombre esté solo; le haré una ayuda idónea... Y de la costilla que el Señor Dios había tomado del hombre, formó una mujer y la trajo al hombre"

GÉNESIS 2:18,22

"Maridos, amad a vuestras mujeres y no seáis ásperos con ellas."

COLOSENSES 3:19

"Sea el matrimonio honroso en todos, y el lecho matrimonial sin mancilla, porque a los inmorales y a los adúlteros los juzgará Dios. Sea vuestro carácter sin avaricia, contentos con lo que tenéis, porque Él mismo ha dicho: Nunca te dejaré ni te desampararé. De manera que decimos confiadamente: El Señor es el que me ayuda; no temeré. ¿Qué podrá hacerme el hombre?"

HEBREOS 13:4-6

"Maridos, amad a vuestras mujeres, así como Cristo amó a la iglesia y se dio a sí mismo por ella... Así también deben amar los maridos a sus mujeres, como a sus propios cuerpos. El que ama a su mujer, a sí mismo se ama."

EFESIOS 5:25,28

"Asimismo vosotras, mujeres, estad sujetas a vuestros maridos, de modo que si algunos de ellos son desobedientes a la palabra, puedan ser ganados sin palabra alguna por la conducta de sus mujeres... Sino que sea el yo interno, con el adorno incorruptible de un espíritu tierno y sereno, lo cual es precioso delante de Dios... Y vosotros, maridos, igualmente convivid de manera comprensiva con vuestras mujeres, como con un vaso más frágil, puesto que es mujer, dándole honor como a coheredera de la gracia de la vida, para que vuestras oraciones no sean estorbadas."

1 PEDRO 3:1-2,4,7

Parte Cinco

Orando por la familia y amistades

Guíame en mi oración por los demás

Padre, revélame a través de tu Espíritu Santo y tu Palabra, cómo dirigir mis oraciones con exactitud. Gracias por el regalo de la oración. Señor, por favor, ayúdame a dar en los puntos específicos para que tu divina voluntad se cumpla en las vidas de los familiares y amistades por los que oro. Confío en que me darás una estrategia clara de oración. Fortaléceme para ser fiel en la tarea. Gracias, en el nombre de Jesús. Amén.

Seres queridos que están perdidos

Señor, mis seres queridos __________ *(nómbrelos)* no te conocen. Los afanes de este mundo, los engaños de las riquezas, y los deseos por otras cosas han ahogado la Palabra de Dios en sus vidas (Marcos 4:19). Por favor, crea en ellos un hambre de la verdad espiritual, y revélales tu amor. Envía a personas a sus caminos que compartan con ellos el mensaje del evangelio con amor, poder, y convicción.

Señor, tu Palabra dice: "El dios de este mundo ha cegado el entendimiento de los incrédulos, para que no vean el resplandor del evangelio..." (2 Corintios 4:4). ¡Que se caigan las vendas! ¡Que vean tu luz! Señor, yo deseo con desesperación que pasen la eternidad contigo. En el nombre de Jesús, Amén.

Circunstancias tempestuosas

Señor, vengo a ti en nombre de mis seres queridos que están atravesando por una situación tempestuosa en estos momentos. Pongo mi esperanza, fe y confianza en tu poderosa diestra que se extiende para salvar. Úsame como un instrumento de paz y de reconciliación en mi familia. Me levanto como intercesor de ellos, pidiéndote que me sigas dando una estrategia de oración hasta que ellos salgan de esta crisis. Al igual que tú calmaste la tormenta para tus discípulos que estaban tan atemorizados, oro que tú calmes la tormenta en las vidas de ________. Oro en el nombre precioso de Jesús, Amén.

Tiempos difíciles para nuestra familia

Señor, qué consuelo es saber que tú nos oyes cuando clamamos a ti. Gracias por tu promesa de estar con nuestra familia durante nuestra dolorosa situación. Estamos creyendo que tú te mostrarás fuerte como nuestro Libertador y que extenderás tu misericordia a todos

nosotros. Gracias por tu gracia que nos ha traído hasta aquí, y por el amor que une a nuestra familia. Te ofrecemos a ti, en medio de nuestros momentos difíciles, el sacrificio de la alabanza, sabiendo que al final tú recibirás toda la gloria. Amén.

Lejos del hogar

Estoy lejos de mi familia por algunos días. Ya los extraño. Pero, Señor, ayúdame a no perder de vista lo que tú tienes en mente para mí en este viaje. Yo creo que tú ordenas mis pasos, y yo quiero abrazar cada momento, cada experiencia. Señor, ayúdame a ser sensible a tu guianza y fortaléceme para cumplir tu propósito. Gracias porque tú me has de proteger en este viaje y me regresarás salvo a mi hogar. En el nombre de Jesús, Amén.

Oración para mis colegas

Señor, vengo a ti en nombre de las personas con quienes trabajo día a día. Tú ves sus necesidades y problemas con que batallan. Por favor, revela tu amor a ellos. Ayúdales a entender que el seguir tus caminos les va a resolver muchas de sus dificultades.

Padre, ayúdame a ser un amigo para aquellos que están abiertos a recibir tu amor. Ayúdame a ser modelo de tu carácter en mis relaciones de trabajo—ya sea con mi jefe, mis compañeros, o con aquellos a quienes superviso. Señor, estoy dispuesto a ser tu embajador en mi lugar de trabajo, mientras tú me provees de tu gracia y sabiduría. Gracias por tu guianza. Amén.

Que yo ame a mis padres bien

Gracias, Señor, por los padres que tú me has dado. Ayúdame a honrarlos de la forma que tú quieres que los padres sean honrados por sus hijos. Confieso que ha habido momentos cuando he estado desilusionado con ellos y por ellos. Y yo también les he fallado. Permite que tu amor fluya a través de nosotros, del uno al otro. Ayúdanos a perdonarnos los unos a los otros así como Cristo nos perdonó a nosotros en Dios. Dales fuerza, sabiduría y mejora su salud. Lo pido en el nombre de Jesús, Amén.

Yo perdono a mis padres

Señor, perdono a mis padres por todas las cosas que han hecho y las palabras que han dicho que han herido mi espíritu. Algunas de estas heridas están enterradas tan profundamente que no las he confesado a nadie. Te pido que sanes esas heridas. Señor, no escojo sólo perdonarles, sino que pido que tú también les

perdones. Oro para que tu perfecta voluntad se haga en sus vidas. Padre, restaura nuestra relaciones rotas. Perdóname por las cosas que he dicho o pensado contra ellos que le deshonraron o que hayan sido desagradables a ti. Lo siento genuinamente.

Ahora, Señor, recibo tu perdón. Gracias, Padre celestial, por la limpieza que trae. Gracias porque cuando yo perdono, tú me perdonas también. En el nombre de Jesús, Amén.

Mis padres están envejeciendo

Señor, ayuda a mis padres a poder pelear la buena batalla de la fe y acabar la carrera que tú has trazado para ellos. Me duele tanto ver cómo se van poniendo débiles y sufren de enfermedades. Los entrego a tu cuidado de amor. Sólo tú conoces el número de sus días. Te doy gracias, porque ellos conocen a Jesús, un día estarán juntos con Él en un lugar donde sus mentes y cuerpos no serán afectadas con enfermedades.

Por más que los ame, me doy cuenta que están llegando al final de sus vidas. Ayúdame a dejarles ir cuando llegue su momento de

entrar al cielo. Dame la paciencia, la bondad, y la gentileza que necesito para poder responder con amor a sus necesidades. Gracias, Padre amado. Amén.

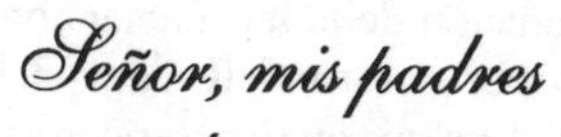

Señor, mis padres no te conocen

Señor, estoy triste porque mis padres no han aceptado a Jesús como su Salvador. Yo sé que no es tu voluntad que alguien perezca. Me paro en oración por ellos en la brecha. Dios, ten misericordia de ellos y envía a tu Espíritu Santo para que les atraiga a Jesús. Por favor, concédeles el arrepentimiento que les conduce al conocimiento de la verdad (2 Pedro 3:9, 2 Timoteo 2:25). Gracias por revelar tu amor y tu misericordia a ellos. En el nombre de Jesús, Amén.

Por los pecados que acosan a nuestra familia

Señor Jesús, gracias por habernos redimido "de la maldición de la ley, habiéndote hecho maldición por nosotros" (Gálatas 3:13). Me atrevo a pedirte que en tu misericordia, perdones los pecados que han causado tanto dolor en nuestra familia. Señor, algunos de estos moldes de pecados han acosado nuestra familia por generaciones. Trae tu sanidad a aquellos que están sufriendo. Gracias por las bendiciones y los dones que han venido por medio de mis ancestros, pero ahora confío en que tú debilitarás aquellas características negativas que no te agradan y que las arrancarás de raíces. Gracias por tu amor y fidelidad. Amén.

Bendice a nuestra familia y nuestro hogar

Padre, pedimos tu bendición sobre nuestra familia y nuestro hogar. Pon tu escudo de protección alrededor de todos aquellos que viven y visitan este lugar, guardándonos de todo lo malo y de la maldad. Que tu santa presencia more aquí.

Pronuncio sobre mi familia la bendición sacerdotal de Aarón: "El Señor te bendiga y te guarde; el Señor haga resplandecer su rostro sobre ti, y tenga de ti misericordia; el Señor alce sobre ti su rostro, y te dé paz" (Números 6:22). Amén.

La sanidad de un ser querido

Padre, mi querido ________ (nombre) está enfermo. Vengo con confianza a tu trono de gracia, pidiendo que él/ella reciba misericordia y gracia en el tiempo de la necesidad (Hebreos 4:16). Señor, te pido que sanes su cuerpo, haciendo que funcione correctamente. Dale restauración completa a su alma y espíritu, y concede sabiduría a aquellos que estén cuidando de él/ella. Oro para que no haya complicación alguna en su recuperación, ni reacción adversa a las medicinas. Que Jesús, el Gran Médico, sane a _______ *(nombre)* al igual que como Él sanaba a los enfermos cuando estaba en la tierra. Te doy gracias, Señor. Amén.

Escrituras para meditar

"No les tengáis miedo; acordaos del Señor, que es grande y temible, y luchad por vuestros hermanos, vuestros hijos, vuestras hijas, vuestras mujeres y vuestras casas".

NEHEMÍAS 4:14b.

Ciertamente él llevó nuestras enfermedades, y cargó con nuestros dolores; con todo, nosotros le tuvimos por azotado, por herido de Dios y afligido. Mas él fue herido por nuestras transgresiones, molido por nuestras iniquidades, el castigo por nuestra paz cayó sobre él, y por sus heridas hemos sido sanados.

ISAÍAS 53:4-5

Él mismo llevó nuestros pecados en su cuerpo sobre la cruz, a fin de que muramos al pecado y vivamos a la justicia, porque por sus herida fuisteis sanados. Pues vosotros andabais descarriados como ovejas, pero ahora habéis vuelto al Pastor y Guardián de vuestras almas.

1 PEDRO 2:24-25

Así dice el Señor: "Reprime tu voz del llanto, y tus ojos de las lágrimas; hay pago para tu trabajo", declara el Señor. "Pues volverán de la tierra del enemigo. Y hay esperanza para tu

porvenir", declara el Señor. "Los hijos volverán a su territorio".

JEREMÍAS 31:16-17

El Señor no se tarda en cumplir su promesa, según algunos entienden la tardanza, sino que es paciente para con vosotros, no queriendo que nadie perezca, sino que todos vengan al arrepentimiento.

2 PEDRO 3:9

Que si confiesas con tu boca a Jesús por Señor, y crees en tu corazón que Dios le resucitó de entre los muertos, serás salvo; porque con el corazón se cree para justicia, y con la boca se confiesa para salvación.

ROMANOS 10:9-10

Si confesamos nuestros pecados, él es fiel y justo para perdonarnos los pecados y para limpiarnos de toda maldad.

1 JUAN 1:9

Parte Seis

Oraciones para solteros

Señor, necesito un amigo/a

Señor, tú sabes lo sola que me siento en ocasiones. Ya sea que algún día me case o no, necesito compañerismo, amistad. Gracias por mi trabajo y la bendición financiera que éste provee. Gracias por los intereses externos que me estimulan. Pero Señor, necesito nuevas relaciones, personas que han de quererme por quien yo soy, no por lo que yo pueda hacer por ellos. Pero yo deseo amigos que gusten de estar conmigo, sólo por ser yo como soy. Señor, llena este vacío en mi corazón. Lo pido en el nombre de Jesús, Amén.

No es fácil ser soltera

Señor, aquellos que dicen que es fácil ser soltera no saben todo a lo que yo me enfrento. Yo tengo deseos secretos. Batallo con sentimientos sexuales. Trato de mantenerme en buena compañía para no caer en tentación. Pero Señor, tú conoces mi corazón y mis pensamientos. Por favor ayúdame a ser la mujer que tú quieres que yo sea, cumpliendo tu propósito para mi vida. Ayúdame a abrazar con entusiasmo esta época de mi vida, y no con lamentos o remordimientos. Que yo sea un exhortador para aquellos que pones en mi camino. Señor, anhelo ser de bendición para otros. Amén.

Gracias por mi familia

Señor, te doy gracias por mi vida ahora mismo. Aunque viva sola, no estoy sola. Tengo una extensión familiar maravillosa. Gracias por mis hermanos y hermanas. Aunque todos están casados, ellos han hecho un lugar para mí en sus familias. Gracias por la oportunidad de derramar mi amor en mis sobrinas y sobrinos —disfrutando de la celebración en sus cumpleaños y ocasiones especiales. Realmente soy bendecida. Te alabo, Señor. Amén.

Soltera de nuevo

Soltera de nuevo. Jamás pensé que esto sucedería. Señor, ayúdame a adaptarme a este nuevo estado de soltera, y todo lo que este cambio implica en mi vida. Casi no recuerdo cómo era la vida de soltera. Ahora mismo, mi mayor preocupación es financiera —administrar con sabiduría lo que tengo para vivir. Tengo tantas decisiones que tomar, todas al mismo tiempo, deshacerme de propiedades de forma correcta, decidir dónde vivir, encontrar un trabajo... Oh Dios, ayúdame a escoger con sabiduría, y no de forma necia que después tenga que lamentar. Dependo de ti para salir adelante, Señor. Amén.

Una relación nueva

Señor, hay un hombre especial ahora en mi vida. Necesito tu ayuda para mantener esta relación como tú quieres que sea —ni más ni menos. No sé si lo que siento por él es amor verdadero o sólo es un enamoramiento que brota de mi profundo anhelo por una relación significante. Y no estoy segura de cuáles son sus intenciones hacia mí. Señor, evita que yo interprete mal sus acciones creyendo que hay algo más profundo de lo que en realidad él siente por mí. Padre, no permitas que yo pierda lo mejor que tú tienes para mí. No deseo seguir una relación que no tenga tu bendición. Protege mi corazón, y revela tu voluntad para mí. Lo pido en el nombre de Jesús, Amén.

Ayúdame a alcanzar a otros

Señor, perdóname por concentrarme tanto en mis propios problemas que a veces fallo en alcanzar a otros. Hoy escojo entregar mis propias necesidades a tus amorosas manos. Ayúdame a seguir tomando esta decisión cada día. Yo sé que tus caminos son perfectos, y que eres capaz de hacer mucho más abundantemente de lo que pueda pedir o pensar. Quiero ser un canal de bendición para otros, mientras el Espíritu Santo derrama tu amor a través de mí. Señor, estoy dispuesta a ser la extensión de tus manos para aquellos que tienen necesidad. Por favor, enséñame aquellos que tú quieres que yo toque. En el nombre de Jesús, Amén.

Escrituras para meditar

Alma mía, espera en silencio solamente en Dios, pues de Él viene mi esperanza. Sólo Él es mi roca y mi salvación, mi refugio, nunca seré sacudido. En Dios descansan mi salvación y mi gloria; la roca de mi fortaleza, mi refugio, está en Dios.

SALMO 62:5-7

Cantad a Dios, cantad alabanzas a su nombre; abrid paso al que cabalga por los desiertos, cuyo nombre es el Señor; regocijaos delante de Él. Padre de los huérfanos y defensor de las viudas es Dios en su santa morada. Dios prepara un hogar para los solitarios; conduce a los cautivos a prosperidad; sólo los rebeldes habitan en una tierra seca.

SALMO 68:4-6

Y si te ofreces al hambriento, y sacias el deseo del afligido, entonces surgirá tu luz en las tinieblas, y tu oscuridad será como el mediodía.

ISAÍAS 58:10

Mi alma engrandece al Señor, y mi espíritu se regocija en Dios mi Salvador. Porque ha mirado la humilde condición de ésta su sierva; pues he aquí, desde ahora en adelante todas las generaciones me tendrán por bienaventurada. Porque

grandes cosas me ha hecho el Poderoso; y santo es su nombre. Y de generación en generación es su misericordia para los que le temen.

LUCAS 1:46-50

La mujer que no está casada y la doncella se preocupan por las cosas del Señor, para ser santas tanto en cuerpo como en espíritu; pero la casada se preocupa por las cosas del mundo, de cómo agradar a su marido.

1 CORINTIOS 7:34

Según cada uno ha recibido un don especial, úselo sirviéndoos los unos a los otros como buenos administradores de la multiforme gracia de Dios.

1 PEDRO 4:10

Parte Siete

Orando en medio de tiempos difíciles

Equilibrar el hogar y el trabajo

Señor, estoy haciendo lo mejor posible por equilibrar el hogar y el trabajo. A veces pienso que no poseo lo suficiente para cumplir todas las demandas. Mi energía se agota y el tiempo pasa antes que yo haya podido hacerlo todo. Y cuando tengo los nervios de punta, mis seres más queridos son los más afectados por mi frustración. Señor, ayúdame a tomar de tus fuerzas y tu paz para ordenar mis prioridades. Ayúdame a usar mi lengua con sabiduría y siempre con bondad (Proverbios 31:26). Equípame para ser lo mejor que pueda ser, tanto en el hogar como en el trabajo, y trae personas a mi vida que me puedan ayudar en lo que yo necesite hacer. Señor, gracias por tu provisión, Amén.

Ayúdame a terminar el día

Señor, enséñame el camino de salida de este período oscuro. Estoy tan deprimida. Por favor, guárdame del descontrol. Me siento sin esperanza, muerta en mi interior. Incapaz de imaginarme que pueda pasar otro día. Señor, sana mi corazón y ayúdame a sostenerme de la esperanza. Todas las palabras de ánimo que he escuchado suenan gastadas. Me entrego a tu merced. ¡Jesús, rescátame! Amén.

El sueño se me escapa

Señor, el insomnio me atormenta. Doy vueltas en la cama hora tras hora. Afanada y preocupada. Me quedo despierta imaginando: "¿Qué tal si esto sucede?" o "¿Qué pasa si aquello sucede?" Ayúdame a entregarte todas mis "Qué pasa si". Escojo poner mi mente en ti, confiar en ti, y abrazar tu promesa que "Tú me mantendrás en perfecta paz" (Isaías 26:3). Ven, calma mis ansiosos pensamientos. Gracias porque como tú "ni te adormeces ni duermes" (Salmo 121:3-4), yo me puedo dormir ahora junto a tu confortante presencia. Gracias que tus ángeles me cuidan. Señor, te amo. Amén.

No entiendo, Señor

Señor, no entiendo en absoluto los momentos difíciles que estoy atravesando ahora mismo. Pero te entrego mis deseos y metas en esta situación. Declaro tu señorío sobre mi vida, y escojo creer que tú me amas. Enséñame las actitudes que necesito cambiar y capacítame para hacerlo. Gracias porque en el ámbito invisible, tú estás obrando en personas y acontecimientos, de tal forma que al final te traerán gloria. Señor, mi fe está en ti, no en mis circunstancias. Ayúdame a ver estas cosas desde tu punto de vista, y entonces caminar en tu paz. Amén.

Mi nube de depresión se está levantando

Señor, gracias porque no tengo que vivir bajo una nube de depresión. Te alabo porque aun en estos momentos Tú estás obrando, restaurando el gozo de mi salvación. Y sanando mi alma —mi mente, mi voluntad y mis emociones. Ayúdame a mantener mis ojos fijos en mi Redentor y no en mis problemas. Que yo encuentre mi consuelo y mi sanidad en ti, Señor. Amén.

Nada es imposible

Señor, ayúdame a ver como tú ves, a hablar como tú hablas, y a actuar como tú actúas. Recuérdame que al declarar que algo no tiene remedio es decir que yo tengo un Dios sin poder. Que pueda yo aprender a confiar en ti, aun cuando mi situación parece no tener remedio. Nada es imposible contigo. Tú eres más grande que cualquier montaña que pueda yo enfrentar. Gracias, Señor, por aquellos que están orando por mí. Y gracias por darme la fuerza para mantenerme de pie durante esta tribulación. ¡Estoy confiando en ti para la victoria! Amén.

Acompáñame a través de mi dolor

Gracias, Señor, por tu precioso Espíritu Santo, que es mi Consolador; acompáñame a través de mi dolor, desilusión, traición, pena y sufrimiento. Rodéame con tu presencia, y escóndeme al abrigo de tus alas. Ayúdame a confiar en que tú tienes una imagen mayor de las circunstancias de mi vida, y poder poner a un lado mis propios objetivos cuando no salen de tu corazón. Escojo poner mis afanes, preocupaciones y desilusiones en ti, sabiendo que tú cuidas de mí. Gracias por tu consuelo. Amén.

Falsamente acusado

Señor, tú has dicho que ningún arma forjada contra nosotros prosperará —esa es nuestra herencia. Gracias que ninguna lengua que se levante contra nosotros logrará daño permanente (Isaías 54:17). Te pido que en nuestra crisis —en la cual hemos sido falsamente acusados y grandemente mal entendidos— la justicia prevalecerá.

Que el Espíritu Santo, nuestro Abogado, nos dé sabiduría en qué decir y cuándo decirlo. Oramos por nosotros mismos y por aquellos que nos representan en la corte, que tengamos sabiduría sabiendo cómo responder. Que tú seas glorificado en esto. Señor, esperamos en ti por la protección de nuestras finanzas, y ayúdanos a ser buenos administradores de tu provisión. Gracias por probar tu fidelidad a nosotros. Amén.

Tú eres mi roca

Padre, reconozco delante de ti mi dolor, mi enojo, mi tristeza, y lo abrumada que me siento. Tomo refugio en ti, Señor, porque tú eres la Roca a la cual puedo correr. Me pongo en tus manos. Guíame a través de este proceso de pena y dolor, y permite que yo ande a mi propio paso.

Padre, confío en ti por la restauración completa de mi cuerpo, alma y espíritu. Gracias por ser mi confianza, firme y fuerte; y por guardarme de no caer en las trampas ocultas del enemigo. Escojo confiar en ti, aunque no entienda. Gracias por el consuelo de tu Espíritu Santo. En el nombre de Jesús, Amén.

Señor, estoy tan desilusionada

Padre, esta desilusión es casi más de lo que puedo soportar. Tú prometiste que el Espíritu Santo nos consolaría. Tú dijiste que otros nos consolarían. Necesito la seguridad de ese consuelo. Gracias que tú conoces el camino delante de mí y tú ordenarás mis pasos. Ayúdame a confiar en ti durante estos momentos de incertidumbre, y a caminar en la confianza de tu amor por mí.

Rehúso permitir que el enemigo me robe mi gozo. Señor, mi gozo está en ti y no depende de circunstancias favorables. Gracias porque sólo tú eres mi fuente de vida, pues sólo tú llevaste el dolor de cada herida que tenga que soportar. Me regocijo en ti hoy. Amén.

Perdí un hijo

Señor, jamás pensé vivir más que mi hijo. Qué angustia y dolor siento. Qué vacío. ¿Cómo podré vivir sin este hijo precioso que llenó mi vida con tanto gozo?

Gracias porque has preparado un lugar en el cielo para _______. Cómo te alabo por el tesoro que él/ella fue para mí. Dios, yo sé que tú entiendes todo lo que nosotros atravesamos en estos momentos de dolor. Pero mi dolor es tan profundo, ni siquiera puedo expresar la medida de mi pérdida. Señor, consuélame. Yo sé que nunca me dejarás ni me desampararás. Por favor, haz esto real en mí, incluso ahora. ¡En especial ahora! Amén.

Intercambiando la autocompasión por la esperanza

Dios, gracias porque tú no cometes errores, y por la seguridad de que tú estás ahora con nosotros —estemos en gozo o en tristeza. Señor, tú prometiste dar gozo en la mañana, y lo demostraste en el Día de Resurrección. Tú sufriste nuestros dolores. Tú comprendes. Y a través de ti, Señor, nosotros tenemos vida eterna y esperanza. Guárdanos de la autocompasión, pero ayúdanos a caminar en esa esperanza hoy —manteniendo nuestros ojos fijos en ti. Gracias, Señor. Amén.

Mi amiga ha fallecido

Mi amiga falleció la semana pasada, y confieso que estoy sin palabras. Gracias por los años que pasamos juntas, las risas y las lágrimas que compartimos, las visitas y los viajes que hicimos juntas, las oraciones temprano en las mañanas que eran tan especiales. Qué depósito tan rico aportó ella a mi vida. Aún la puedo escuchar riendo, veo su sonrisa, y aún recuerdo los momentos cuando no estábamos de acuerdo.

Trae consuelo a su entristecida familia, mientras tratan con sus sentimientos de vacío y soledad. Afírmales tu amor. Que los recuerdos que guardamos de ella sean un arco iris de esperanza mientras caminamos por el dolor del momento. Gracias, Señor, porque estaremos juntas de nuevo en tu presencia. Amén.

Mi esposo se ha ido

Señor, estoy luchando con mi enojo porque esta pérdida parece ser muy injusta. A veces me sostengo en mi propia lástima, luego las emociones de culpabilidad me abruman. Por favor, Señor, calma mis emociones en medio de esta confusión y dame tu paz y tu consuelo. Tú has dicho que nunca me dejarías ni desampararías; me abrazo hoy de esa promesa.

Ahora que él no está, dependo totalmente de ti, Señor, para que seas mi esposo y el padre de mis hijos. Yo sé que de alguna manera tú has de proveer para mis necesidades. Padre celestial, confío en ti y te entrego mis necesidades más urgentes:

financieras:________________________
físicas:____________________________
espirituales: _______________________
emocionales:________________________

Ayúdame a mantener mi énfasis en ti mientras camino por este valle. Lo pido en el nombre de Jesús, Amén.

Escrituras para meditar

Claman los justos, y el Señor los oye, y los libra de todas sus angustias. Cercano está el Señor a los quebrantados de corazón; y salva a los contritos de espíritu. Muchas son las aflicciones del justo, pero de todas ellas le librará el Señor.

SALMO 34:17-19

Confía en el Señor con todo tu corazón, y no te apoyes en tu propio entendimiento. Reconócele en todos tus caminos, y Él enderezará tus sendas.

PROVERBIOS 3:5,6

Pero alégrense todos los que en ti confían; den voces de júbilo para siempre, porque tú los defiendes; en ti se regocijen los que aman tu nombre.

SALMO 5:11

Amo al Señor, pues ha oído mi voz y mis súplicas. Porque ha inclinado a mí su oído; por tanto, le invocaré en todos mis días... Clemente es el Señor y justo; sí, misericordioso es nuestro Dios. El Señor guarda a los sencillos; estaba yo postrado y me salvó. Vuelve, oh alma mía a tu reposo, porque el Señor te ha hecho bien. Pues

tú has liberado mi alma de la muerte, mis ojos de lágrimas, y mis pies de resbalar. Andaré delante del Señor en la tierra de los vivientes.

SALMO 116:1,2,5-9

Alzaré mis ojos a los montes; ¿de dónde vendrá mi socorro? Mi socorro viene del Señor, que hizo los cielos y la tierra. No dará tu pie al resbaladero; ni se dormirá el que te guarda. He aquí, no se adormecerá ni dormirá el que guarda a Israel. El Señor es tu guardador; el Señor es tu sombra a tu mano derecha. El sol no te fatigará de día, ni la luna de noche. El Señor te guardará de todo mal; Él guardará tu alma. El Señor guardará tu salida y tu entrada desde ahora y para siempre.

SALMO 121

Los que sembraron con lágrimas, con regocijo segarán. Irá andando y llorando el que lleva la preciosa semilla; mas volverá a venir con regocijo, trayendo sus gavillas.

SALMO 126:5-6

El Señor sostiene a todos los que caen, y levanta a todos los oprimidos... El Señor está cerca de todos los que le invocan, de todos los que le invocan en verdad.

SALMO 145:14,18

El Cordero en medio del trono los pastoreará y los guiará a manantiales de aguas de vida, y Dios enjugará toda lágrima de sus ojos.

APOCALIPSIS 7:17

Parte Ocho

Cuando tengo temor

Señor, necesito un trabajo

Señor, estoy tratando de no estar ansiosa por esto, pero vengo a ti con mi necesidad de un trabajo. Tú entiendes todo lo que me ha traído a esta encrucijada. Es un lugar donde da miedo estar. Perdona mis fracasos, Señor, y ayúdame a evitar estos errores en el futuro.

Yo sé que tú no me has dado espíritu de temor. Tu Palabra dice que tú me has dado espíritu "de poder, de amor y de dominio propio" (2 Timoteo 1:7). Ayúdame a seguir adelante con confianza en ti, confiando que tú me guías y das favor para encontrar el trabajo correcto. Gracias, Señor. Amén.

Echo mi preocupación sobre ti

Padre, gracias por las promesas de provisión en tu Palabra. Te reconozco como la fuente de todo lo que necesito para mi espíritu, alma y cuerpo. Señor, ayúdame a poner la preocupación a un lado y a confiar en ti para todas mis necesidades. Te doy gracias por la salud que me has dado y por los recursos que tú provees. Ayúdame a ser una buena administradora de todos tus dones. Señor, enséñame las formas en que puedo ser generosa en alcanzar a otros, con necesidades mayores que las mías. Te alabo por tu fidelidad. Amén.

Tú eres mi refugio

Señor, que yo siempre habite a tu abrigo, pues tú eres mi refugio y mi fortaleza. Tú eres mi Dios. Tú me responderás cuando esté en problemas y me librarás. Mi esperanza y mi confianza están en ti, Señor, tú eres mi fortaleza y mi libertador —la torre fuerte a la cual acudo para estar a salvo. Cuando tengo miedo tú estás ahí cuidándome. Mi vida y mi reputación están en tus manos. Gracias por el favor y el cuidado que tú concedes a tus hijos. ¡Te alabo por tus grandes obras! Amén.

Victoria sobre el temor

Padre celestial, ayúdame a apoyarme sobre tu brazo fuerte cuando tengo miedo. Dame una confianza mayor en ti, mi Buen Pastor, para que yo pueda decir que no temo mal alguno. Deseo estar totalmente segura en tu amor —la clase de amor que nunca abandona. Ayúdame a poner la preocupación a un lado y reemplazarla con confianza. Y a recordar que la resurrección de Cristo destruye el poder del enemigo que me hace temeroso. Ayúdame todos los días a caminar en este nuevo nivel de fe. Lo pido en el nombre de Jesús. Amén.

Escrituras para meditar

Tú eres mi refugio; me guardarás de la angustia; con cánticos de liberación me rodearás.

SALMO 32:7

En el día que temo, yo en ti confío. En Dios, alabaré su palabra; en Dios he confiado, no temeré. ¿Qué puede hacerme el hombre?

SALMO 56:3,4

Me has guiado según tu consejo, y después me recibirás en gloria. ¿A quién tengo yo en los cielos, sino a ti? Y fuera de ti, nada deseo en la tierra. Mi carne y mi corazón desfallecen, mas la roca de mi corazón y mi porción es Dios, para siempre.

SALMO 73:24-26

Bendito el varón que confía en el Señor, y cuya confianza es el Señor. Porque será como el árbol plantado junto a las aguas, y que junto a la corriente echará sus raíces; y no verá cuando viene el calor, sino su hoja estará verde; y en el año de sequía no se fatigará, ni dejará de dar fruto.

JEREMÍAS 17:7,8

No temas, porque yo estoy contigo; no desmayes, porque yo soy tu Dios que te esfuerzo; siempre te ayudaré, siempre te sustentaré con la diestra de mi justicia.

ISAÍAS 41:10

"Por tanto os digo: No os afanéis por vuestra vida, qué habéis de comer o qué habéis de beber; ni por vuestro cuerpo, qué vestiréis. ¿No es la vida más que el alimento, y el cuerpo más que el vestido? Mas buscad primeramente el reino de Dios y su justicia, y todas estas cosas os serán añadidas. Así que no os afanéis por el día de mañana; porque el día de mañana traerá su afán. Basta a cada día su propio mal".

MATEO 6:25,33,34

Por nada estéis afanosos; sino sean conocidas vuestras peticiones delante de Dios en toda oración y ruego, con acción de gracias. Y la paz de Dios, que sobrepasa todo entendimiento, guardará vuestros corazones y vuestros pensamientos en Cristo Jesús.

FILIPENSES 4:6,7

En el amor no hay temor, sino que el perfecto amor echa fuera el temor, porque el temor lleva en sí castigo. De donde el que teme no ha sido perfeccionado en el amor.

1 JUAN 4:18

Parte Nueve

Oraciones de acción de gracias y alabanza

Digno de adoración

Señor, hoy me doy cuenta del poco tiempo que paso adorándote. Una frase en un libro atravesó mi corazón:

> *Trabajamos demasiado, jugamos muy rápido, nos reímos muy alto, y adoramos muy poco.**

Señor, te adoro porque tú eres digno de toda alabanza. Te adoro no sólo por lo que tú haces para mí, sino por quien tú eres. Dios Creador. Redentor. Salvador. Señor. Libertador. Protector. El Altísimo. Alfa y Omega —el principio y el fin—. Cuando te alabo, mis problemas lucen tan pequeños comparados con tu grandeza. ¡Te doy adoración, Dios Poderoso! Amén.

*Richard Exley, *The Rhythm of Life* (Tulsa, Okla.: Honor Books, 1987), 108.

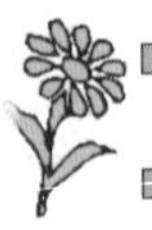

Uniéndome al coro celestial

Señor, me uno a las criaturas alrededor del trono de Dios mientras jamás cesan de decir:

"Santo, santo, santo,
Es el Señor Dios Todopoderoso,
el que era, el que es y el que ha de venir".

APOCALIPSIS 4:8

Y añado mi canción a los ángeles alrededor de tu trono mientras ellos cantan con alta voz:

"¡El Cordero que fue inmolado es digno de tomar el poder, las riquezas, la sabiduría, la fortaleza, la honra, la gloria y la alabanza!"

APOCALIPSIS 5:12b

Un año totalmente nuevo

Señor, te doy gracias por el año que acaba de pasar. Por mi familia y por mi hogar, por la protección. Principalmente te doy gracias porque me he acercado tanto más a ti. Las pruebas del año pasado fueron feroces. No las hubiera podido atravesar sin tu fortaleza y dirección.

Cuán agradecida estoy al mirar las hojas en blanco del nuevo calendario, listas para ser llenas. Saludo el nuevo año con gran anticipación y expectación. Señor, hagámoslo el mejor año. No permitas que yo falte a tus citas divinas o a tu plan para mi vida en los meses venideros. Te alabo en el nombre de Jesús, Amén.

Gracias por la primavera

Señor, algo maravilloso está sucediendo dentro de mí. Hoy la yerba parece más verde, el cielo más azul —y vi mis primeros narcisos. Sólo porque me detuve a mirar más de cerca. En mi correr de un lado a otro para cumplir con mis obligaciones, a menudo no tomo el tiempo para apreciar la belleza natural alrededor de mí.

¡Padre, tu creación es tan bella! Perdóname por tomar la primavera en balde. Me recuerda que durante el invierno tú has estado trabajando debajo de la fría y dura superficie del suelo. Y ahora vemos los árboles floreciendo, flores brotando, y oímos pájaros cantando. Gracias por la bella tierra. Gracias por tu fidelidad. Amén.

Te alabaré pase lo que pase

Señor, te alabo por los tiempos difíciles, así como por los buenos. Durante mis fuertes pruebas he sido refinada como el oro. Es doloroso, y lucho para poder sobrellevar el proceso. Pero escojo alabarte, porque Tú, como un Padre amoroso, sabes cómo quitar las impurezas y sacar a la luz lo mejor de mí. Te alabo por amarme tanto que no te das por vencido. A pesar de mi incomodidad e impaciencia, yo confío en ti, Señor. Te alabo y te adoro con todo mi corazón. Amén.

Gracias porque se acabó el lamento

Esta noche estaba nadando en mi dolor y lamento, Señor. Pero tú viniste con tu presencia para consolarme y asegurarme tu amor. ¡Cómo te agradezco! Hago de este salmo mi propia declaración:

Has cambiado mi lamento en baile;
Desataste mi cilicio y me ceñiste de alegría.
Por tanto, a ti cantaré, gloria mía y
no estaré callada.
Oh Señor, Dios mío, te alabaré por siempre.

SALMO 30:11-12

Te alabo Señor. Amén.

Oración de agradecimiento

Señor, si yo fuera a contar mis bendiciones y nombrarlas una a una, ¡tomaría mucho tiempo! Mi corazón reboza de gratitud. Doy gracias en especial por _________ *(nombre la bendición especial que venga a su mente)*. Aun en tiempos difíciles, hemos visto tu mano obrando. Tu gracia es siempre suficiente para la necesidad. Señor, los tiempos difíciles nos hacen aun más agradecidos por tu intervención. Ayúdanos a honrarte en nuestra celebración del Día de Acción de Gracias este año. Y que no nos olvidemos de alcanzar a aquellos que tienen necesidad. Te ofrecemos nuestra alabanza, Amén.

Escrituras para alabanza y adoración

"Bendito seas tú, oh Señor, Dios de Israel, nuestro padre desde el siglo y hasta el siglo. Tuya es, oh Señor, la magnificencia y el poder, la gloria, la victoria y el honor; porque todas las cosas que están en los cielos y en la tierra son tuyas. Tuyo, oh Señor, es el reino, y tú eres excelso sobre todos.

1 CRÓNICAS 29:10-11

Los cielos proclaman la gloria de Dios, y la expansión anuncia la obra de sus manos. Un día transmite el mensaje al otro día, y una noche a la otra noche revela sabiduría.

SALMO 19:1-2

Te alabaré para siempre, porque lo has hecho así; y esperaré en tu nombre, porque es bueno, delante de tus santos.

SALMO 52:9

Bendito su nombre glorioso para siempre, Y toda la tierra sea llena de su gloria. Amén y Amén.

SALMO 72:19

Te alabaré, oh Señor mío, con todo mi corazón. Y glorificaré tu nombre para siempre.

SALMO 86:12

Te exaltaré mi Dios, mi Rey, y bendeciré tu nombre eternamente y para siempre. Todos los días te bendeciré, y alabaré tu nombre eternamente y para siempre. Grande es el Señor, y digno de suprema alabanza; y su grandeza es inescrutable.

SALMO 145:1-3

¡Aleluya! Cantad al Señor un cántico nuevo: su alabanza sea en la congregación de los santos.... Porque el Señor se deleita en su pueblo; adornará de salvación a los afligidos. Regocíjense de gloria los santos; canten con gozo sobre sus camas. Sean los loores de Dios en su boca y una espada de dos filos en su mano.

SALMO 149:1,4-6

Alabad a Dios en su santuario; alabadle en la magnificencia de su firmamento. Alabadle por sus proezas; alabadle conforme a la muchedumbre de su grandeza. Alabadle a son de bocina; alabadle con salterio y arpa. Alabadle con pandero y danza; alabadle con cuerda y flautas. Alabadle con címbalos resonantes;

Alabadle con címbalos de júbilo. Todo lo que respira alabe al Señor. ¡Aleluya!

SALMO 150

Regocijaos en el Señor siempre. Otra vez digo: !Regocijaos!

FILIPENSES 4:4

Así que, ofrezcamos siempre a Dios, por medio de él, sacrificio de alabanza, es decir, fruto de labios que confiesan su nombre.

HEBREOS 13:15

"Señor, digno eres de recibir la gloria y la honra y el poder, porque tú creaste todas las cosas, y por tu voluntad existen y fueron creadas".

APOCALIPSIS 4:11

Parte Diez

Purifica mi vida

Hoy, me quejé

Señor, perdóname por quejarme y refunfuñar. No soy diferente a los israelitas, insatisfechos con lo que tú tan generosamente supliste para ellos en el desierto. Me arrepiento de no haber tenido un corazón agradecido. Mi situación pudiera ser mucho peor. Perdóname. Gracias por todo lo que tu mano me ha provisto una y otra vez. ¡Señor, eres digno de alabanza! Amén.

No mi voluntad, sino la tuya

Señor, me arrepiento por insistir en hacer todo a mi manera y tratar de tener el mando de mi propia vida, o de otra persona. Perdóname por pensar que yo sé más que tú. Ayúdame a aprender a "salirme del medio" confiando en ti y el plan y propósito que tú tienes para mí y mis seres queridos. No quiero tener una ambición egoísta sólo para mí, mi hijo, mi cónyuge, mis padres, o cualquier persona cercana a mí.

Señor, perdóname por tratar de controlar a otros con mis deseos o con las palabras que he hablado. Por favor, hazme recordar cuando caigo de nuevo en mi antiguo patrón. Señor, realmente deseo cambiar y escoger tu camino. Amén.

Que tu luz ilumine mis rincones oscuros

Señor, muéstrame los rincones oscuros de mi corazón que necesito exponer a tu luz. Dame el valor para permitir que tu gracia sane y restaure esas áreas que he tratado de mantener ocultas. Ayúdame a cooperar con el Espíritu Santo; fortaléceme para resistir al enemigo. Reconozco que no puedo hacer esto sola. Renuncio a mi orgullo y te pido tu ayuda. Gracias por librarme. En el nombre de Jesús, Amén.

Hazme como tú

Señor, ayúdame a copiar diariamente tu carácter. Deseo ser transformada de continuo a tu semejanza. Permite que yo esté más preocupada en complacerte a ti que en desear cambiar mis circunstancias, o las personas alrededor de mí. Ayúdame a encontrar mi identidad en ti en lugar de encontrarla en lo que yo hago o en donde vivo. Espíritu Santo, te doy permiso para que me cambies de adentro hacia afuera. Gracias porque lo harás con tu tierno amor y en tu tiempo. Amén.

Vísteme de tu fuerza

Señor, realmente deseo ser una mujer de fortaleza y dignidad. Con el poder de tu Espíritu, gozosa en la imagen única que tú has creado para que yo sea. Ayúdame a intercambiar mi debilidad por tu fuerza. Gracias por tu fuerza que me capacitará para ser una mujer dinámica, caminando en tu amor y bendición. Señor, deseo que tu gran amor fluya de mí hacia otros. Ayúdame a mantener el canal limpio. Lo pido en el nombre de Jesús, Amén.

Limpia mi cuenta

Gracias, Jesús, por venir a la tierra para morir como una ofrenda de pecado por mí. Cuando peco y siento una carga de culpa por esto, sólo necesito ir a ti con genuino arrepentimiento y tú limpias mi deuda de pecado. Gracias por lavarme con tu preciosa sangre, restaurándome en la comunión con el Padre.

Qué intercambio. Qué libertad. ¡Qué regalo! Alabanzas a ti, Señor. Que yo continúe caminando en tu libertad y ayudando a que otros cautivos sean libres. Gracias. Amén.

No más culpable

Señor, te confieso la gran equivocación que he cometido hoy: las palabras hirientes, la actitud fea, mi resentimiento por lo que tuve que aguantar. No fue agradable ni para ti ni para mí. Perdóname, Señor. Gracias por no condenarme. Gracias por ayudarme a empezar de nuevo hoy en tu fuerza. Cuán agradecida estoy de que tu gracia me libra de la culpabilidad y de la condenación. ¡Me regocijo en ti! Amén.

Cuando te he fallado, Señor

La prueba de mi fe, produce paciencia. Señor, no soy buena en las pruebas ni tengo paciencia. Cuántas veces te he decepcionado, me he decepcionado a mí misma, y he sido una pobre estudiante en la paciencia. No me gustó cuando mi (amigo, jefe, vecino...) me contestó tan rudo. Tuve una actitud fea, mi reacción no fue cristiana. No pasé el examen. Pero mañana es otro día. Y Señor, ¡tú siempre das esperanza para el día de mañana! Haré lo mejor posible para pasar la prueba. Amén.

Venciendo el pecado

Dios, perdóname por los pecados egoístas que a mi voluntad he abrazado. Confieso que he vivido para mi propio placer y me he rebelado contra tus caminos. Por favor, lávame y hazme sana, y ayúdame a abstenerme del pecado. Mi oración es que tú me purifiques —sepárame de perseguir lo mundano— y lléname con tu Espíritu Santo. Señor, que mi espíritu, alma y cuerpo sean guardados por completos e irreprensibles para el día de tu venida (1 Tesalonicenses 5:22-23). ¡Gracias por hacerme libre! Amén.

Resistiendo la tentación

Señor, tu Palabra me asegura que ninguna tentación que yo enfrento es irresistible. Gracias por tu promesa de ser fiel para darme fuerza para vencer la atracción del enemigo (1 Corintios 10:13). Padre, confieso que cuando he cedido a la tentación, fue porque fallé en mantener mi corazón firme en ti. Señor, perdóname por ir por mi propio camino de egoísmo. Ayúdame a dar la espalda a las fascinaciones del mundo y a caminar en tu amor. Amén.

Protégeme del Maligno

Padre, así como Jesús oró para que protegieras a sus discípulos del Maligno, yo te pido que tú también me protejas por medio del poder del nombre de Jesús. Revélame cualquier área de mi vida donde no te haya obedecido. Gracias por el perdón y la protección que tú provees a través de la sangre de Jesús derramada en la cruz. ¡Me regocijo en tu victoria! Amén.

Gracias por tu Espíritu Santo

Señor, gracias por tu maravilloso regalo del Espíritu Santo. Perdóname por no prestar la atención debida a este regalo que tú has provisto. Deseo experimentar tu presencia. Sentir tu amor incondicional. Conocerte de forma más íntima. Gracias porque de esta forma te has de revelar a mí a través del Espíritu Santo. ¡Te alabo por todos tus dones! Amén.

Dirige mi camino

Señor, perdóname las veces que he fallado en esperar por tu dirección y he caminado en mis propias fuerzas. Gracias por tu fidelidad en redimir mis errores. Señor, ayúdame a apagar el clamor del mundo, la carne, y el diablo, y disciplinarme a escuchar tu apacible y delicada voz.

Habla a través de tu Espíritu Santo, dirigiéndome a las citas divinas que tú escoges. Señor, quiero mantenerme en el camino que sigue tus pisadas. Ayúdame a evitar las caídas del orgullo espiritual, el egoísmo, la falta de perdón, o hablar palabras crueles. Oro para que mi caminar y mis palabras te den honra y gloria. En el nombre de Jesús, Amén.

Mis dones espirituales

Señor, tu Palabra dice que David no murió hasta que cumplió tu propósito para su generación (Hechos 13:36). Oro que tú me capacites para identificar y reconocer los dones espirituales que tú me has dado, equipándome para cumplir tus propósitos. Quita de mí todo obstáculo que impida que tus propósitos sean cumplidos. Padre, gracias por estos dones inmerecidos que me permiten ministrar a otros. Amén.

Permíteme llevar fruto

Usted puede orar esta oración, por sí mismo, basada en Colosenses 1:9-12 y Romanos 15:13. También la puede orar por otra persona insertando el nombre apropiado y cambiando los pronombres.

Señor, te pido que me llenes del conocimiento de tu voluntad y toda sabiduría y entendimiento espiritual. Ayúdame a vivir una vida digna de ti, Señor, complaciéndote en todo. Ayúdame a llevar fruto en toda buena obra, creciendo en el conocimiento de Dios. Fortaléceme con todo poder conforme a tu poder glorioso para que yo tenga gran resistencia y paciencia, dándote con gozo gracias Padre, pues tú me has hecho apto para participar en la herencia de los santos en el reino de luz. Señor, oro para que tú, el Dios de la esperanza, me llene de todo gozo y paz mientras confío en ti, para que yo sobreabunde con esperanza por el poder del Espíritu Santo. Amén.

Escrituras para el vencedor

Al de firme propósito guardarás en perfecta paz, porque en ti confía. Confiad en el Señor para siempre, porque en Dios el Señor, tenemos una Roca eterna.

ISAÍAS 26:3-4

Crea en mí, oh Dios, un corazón limpio, y renueva un espíritu recto dentro de mí. No me eches de tu presencia, y no quites de mí tu santo Espíritu. Restitúyeme el gozo de tu salvación, y sosténme con un espíritu de poder.

SALMO 51:10-12

Pues no habéis recibido un espíritu de esclavitud para volver otra vez al temor, sino que habéis recibido un espíritu de adopción como hijos, por el cual clamamos: ¡Abba, Padre! El Espíritu mismo da testimonio a nuestro espíritu de que somos hijos de Dios, y si hijos, también herederos; herederos de Dios y coherederos con Cristo, si en verdad padecemos con él a fin de que también seamos glorificado con él.

ROMANOS 8:15-17

Y no os adaptéis a este mundo, sino transformaos mediante la renovación de vuestra mente, para que verifiquéis cuál es la voluntad de Dios: lo que es bueno, aceptable y perfecto.

ROMANOS 12:2

Por tanto, someteos a Dios. Resistid, pues, al diablo y huirá de vosotros. Acercaos a Dios, y Él se acercará a vosotros. Limpiad vuestras manos, pecadores; y vosotros de doble ánimo, purificad vuestros corazones... Humillaos en la presencia del Señor y Él os exaltará.

SANTIAGO 4:7-8,10

Ahora bien, el Señor es el Espíritu; y donde está el Espíritu del Señor, hay libertad. Pero nosotros todos, con el rostro descubierto, contemplando como en un espejo la gloria del Señor, estamos siendo transformados en la misma imagen de gloria en gloria, como por el Señor, el Espíritu.

2 CORINTIOS 3:17-18

Por tanto, amados, teniendo estas promesas, limpiémonos de toda inmundicia de la carne y del espíritu, perfeccionando la sanidad en el temor de Dios.

2 CORINTIOS 7:1

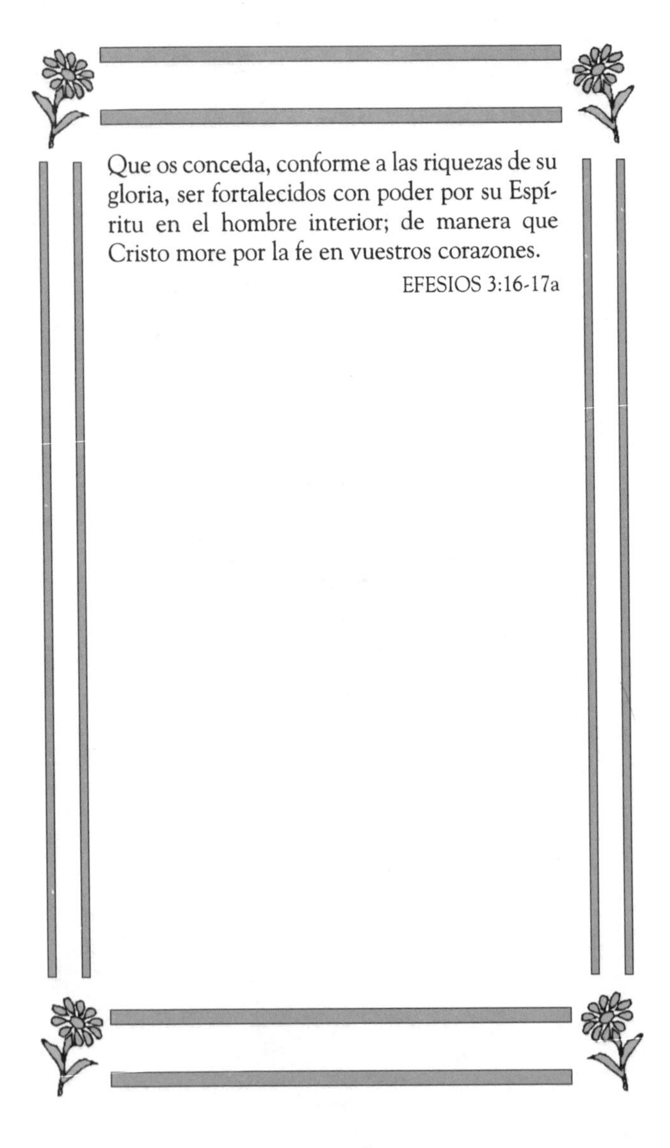

Que os conceda, conforme a las riquezas de su gloria, ser fortalecidos con poder por su Espíritu en el hombre interior; de manera que Cristo more por la fe en vuestros corazones.

EFESIOS 3:16-17a

Parte Once

Cuando necesito perdonar

Estoy enojado, Señor

Padre Celestial, te admito que estoy enojado con_______ porque _____ (*nombre de la ofensa*). Yo siento que lo que él/ella hizo está mal, y me siento atropellada. Gracias porque ahora te puedo expresar esto con libertad. Pero, Señor, por un acto de mi voluntad yo escojo perdonar a esta persona. Perdóname, Señor, por los pensamientos de amargura y venganza que he permitido que tomen control de mi corazón y las palabras de enojo que he hablado. Suelto este enojo y escojo identificarme contigo y con tus caminos. Gracias por limpiarme.

Oro como oró el Rey David: "Señor, pon guarda a mi boca; vigila la puerta de mis labios" (Salmo 141:3). Ayúdame a obedecerte, a caminar en amor, y a cooperar con el Espíritu Santo en el control de mi lengua y resolver este conflicto. En el nombre de Jesús, Amén.

Ayúdame a perdonar a aquellos que me han hecho daño

Señor Jesús, tú conoces el rechazo, el abandono, el dolor y la traición de aquellos cercanos a ti, así que puedes identificarte con mis dolores y heridas. Pero Señor, mientras tú colgabas de esa cruz, sangrando y muriendo por heridas que no merecías, incluso le pediste a tu Padre que perdonara a tus verdugos. Señor, ayúdame a perdonar a cada persona que me ha rechazado, herido o abusado. Honestamente, no siento que algunos de ellos merecen ser perdonados. Pero quiero que mi relación contigo sea correcta, por lo tanto, escojo perdonar a ______ *(nombre)* y me libero. Te pido que tú le juzgues a él/ella conforme a tu misericordia, y que le concedas sanidad y liberación de la atadura.

Señor, por favor, sana mis dolorosos recuerdos. Ayúdame a anticipar con gozo lo que tú tienes reservado para mi vida. Gracias por tu promesa de completar la obra de sanidad que has comenzado en mí (Filipenses 1:6). Dame fuerzas para continuar caminando en tu amor y perdón. Lo pido en el nombre de Jesús. Amén.

Ayúdame a mostrar misericordia

Señor, soy honesta cuando oro, "Y perdónanos nuestras deudas, como también nosotros hemos perdonado a nuestros deudores" (Mateo 6:12). Gracias por ayudarme a atravesar el proceso de perdonar a aquellos que me han herido. Gracias por la misericordia que has demostrado perdonando todos mis pecados. Por favor, Señor, ayúdame a mostrar misericordia a otros y a escoger perdonar cada vez que regresa un recuerdo doloroso o cuando alguien me ofende. ¡Me regocijo en la libertad que el perdón trae a mi vida! Amén.

Soy perdonado

Señor, perdóname por no creer que en realidad la sangre de Jesús fue suficiente para cubrir mis pecados. Yo sé que tú me has perdonado; acepto ese perdón y escojo perdonarme también. Rehúso seguir escuchando las mentiras del acusador. Padre celestial, me mantengo en tu Palabra y declaro que porque te he confesado mis pecados, tú me has perdonado y lavado. Gracias por esta garantía. Te alabo por permitir que Jesús muriera por mí. ¡Qué Padre tan suficiente y perdonador eres para mí! Te amo y te adoro. Amén.

Deseo arreglar esta relación rota

Señor, dame sabiduría para ayudar a reparar abismos y arreglar relaciones rotas. No quiero ser parte de desacuerdos ni de contiendas. Ayúdame a derrumbar paredes de enemistad y a ser un pacificador. Quiero complacerte a ti y ser un buen ejemplo para otros. Mantén mi boca lejos de engaños y malicia. Ayúdame con la fuerza que sólo tú puedes proveer para caminar en tu compasión. Amén.

Escrituras para meditar

Pero el don no fue como la transgresión; porque si por la transgresión de aquel uno murieron los muchos, abundaron mucho más para los muchos, la gracia y el don de Dios por la gracia de un hombre, Jesucristo. Y con el don no sucede como en el caso de aquel uno que pecó; porque ciertamente el juicio vino a causa de un solo pecado para condenación; pero el don vino a causa de muchas transgresiones para justificación.

ROMANOS 5:15-16

Porque también Cristo padeció por vosotros, dejándoos ejemplo para que sigáis sus pisadas, el cual no hizo pecado, ni se halló engaño en su boca; quien cuando le maldecían, no respondía con maldición; cuando padecía, no amenazaba, sino encomendaba la causa al que juzga justamente.

1 PEDRO 2:21b-24

Si confesamos nuestros pecados, Él es fiel y justo para perdonar nuestros pecados y para limpiarnos de toda maldad.

1 JUAN 1:9

Estad, pues, firmes en la libertad con que Cristo nos hizo libres; y no estéis otra vez sujetos al yugo de esclavitud.... Porque vosotros, hermanos, a libertad fuisteis llamados; solamente que no uséis la libertad como ocasión para la carne, sino servíos por amor los unos a los otros.

GÁLATAS 5:1,13

Parte Doce

Orando por los vecinos, la comunidad y los líderes

Fui negligente con mi vecino

Señor, mi vecino me necesitaba hoy, pero yo estaba muy ocupada. Miles de cosas para hacer. No tomé tiempo para oír sus necesidades. Pero, Señor, tú siempre tienes tiempo para mí. Ayúdame a desviarme de las ocupaciones de la vida para acercarme a las personas que tú quieres que les preste atención. Ya sea que estén en la casa contigua, en el supermercado, en mi lugar de empleo, o donde sea que nuestros caminos crucen. Bendice hoy a mi vecino. Ayúdame a ir más despacio y ser más sensitivo a las necesidades de los demás. Lo pido en el nombre de Jesús, Amén.

Citas divinas

Padre, gracias por las personas que tú traes a mi vida ¡no por accidente sino por cita divina! Ayúdame a responder a tu guía de cómo orar para los amigos, vecinos, y compañeros de trabajo que tú me has dado. Gracias por la oportunidad de ser un "Buen Samaritano" trayéndoles a ti. Que yo no sea desviada por el precio. Sino, permite que yo me regocije en

la recompensa de llevar a otros a conocerte de forma personal. Estoy tan contenta de que alguien se preocupó lo suficiente como para compartir las Buenas Nuevas conmigo cuando necesitaba conocer de tu amor. Gracias Señor. Amén.

Ayúdame con las personas que son como el papel de lija

Padre celestial, manténme en sintonía contigo para que yo sepa cómo orar por las personas en mi vida que son como el papel de lija. Aquellos que me irritan pero quienes necesitan de tu amor. Que yo siga el ejemplo de Jesús, que cuando fue insultado, no contestó sino que dejó el juicio a ti. Señor, eso es difícil de hacer. Por favor ayúdame.

Que yo esté dispuesto a pararme en oración por aquellas personas con las cuales me asocio con regularidad, así como por los extraños que tú pones en mi camino. Señor, ayúdame a aceptar a las personas tal como son. A amarlos con tu amor. Ver que ellos tienen potencial porque tu misericordia los puede redimir. Lo pido en el nombre de Jesús, Amén.

Oración por mi pastor

Señor, gracias por nuestro pastor. Bendice a __________ *(nombre)* con sabiduría y entendimiento para guiar nuestra congregación en nuestras circunstancias presentes, y también para el futuro. Concede tu fuerza para ayudar a nuestro pastor a pararse firme en tiempos difíciles, sin comprometer sus principios. Manténle fiel a ti, aun cuando su firme posición por principios piadosos le pueda traer críticas.

Señor, bendice la familia de nuestro pastor. Que el ángel del Señor acampe alrededor de ellos y los defienda porque ellos te temen. Dales un amor profundo el uno por el otro, que resista el paso del tiempo, aun ante la adversidad.

Amo a mis pastores, Señor, y gracias por su don de consejo piadoso. Que tus abundantes bendiciones y favor reposen sobre el Pastor __________. En el nombre de Jesús, Amén.

Oración por nuestras escuelas

Señor, me preocupa la violencia en nuestras escuelas y la decadencia de los valores morales. Es como un barco perdido en alta mar ya que no te reconocen más en nuestro sistema escolar. No hay dirección... no hay punto de referencia. Oh, Dios, intervén en esta situación. Pon líderes piadosos en posiciones de autoridad, que puedan guiar este barco en el camino que deba ir. Dale tu favor y bendición a aquellos encargados de formular las pólizas y a los maestros que toman una posición contra la impiedad.

Señor, protege nuestros hijos de la maldad, de la violencia de las pandillas, del abuso de drogas, y de la promiscuidad sexual. Fortalece a los jóvenes cristianos para que compartan tu verdad sin miedo con sus amistades. Señor, estos niños son la esperanza de nuestra nación. Derrama tu amor y gracia en sus vidas. Oro en el nombre de Jesús, Amén.

Oración por el sistema judicial

Señor, gracias por tu Palabra, la cual declara que eres un Dios de justicia. Tú eres perfecto, fiel, y recto, y no haces mal alguno (Deuteronomio 32:4). Señor, oro para que tu justicia divina se infiltre en las cortes de nuestra nación. Tú ves la corrupción y el soborno que a veces causa que los inocentes sufran y que los culpables eviten el juicio. Oro que tú quites de sus puestos a aquellos que distorsionan la justicia y traicionan a los inocentes. Señor, pido tu perdón por los pecados de nuestra nación que han preparado el terreno para que la injusticia reine. Dios, que tu justicia prevalezca. Oro en el nombre de Jesús, Amén.

Oración por los líderes

Señor, oro para que nuestros líderes de gobierno te reconozcan al hacer decisiones que afecten las personas de nuestra comunidad y nuestra nación. Ayúdales a resolver los asuntos que afectan a los necesitados y los pobres. Que sean humildes y dispuestos a servir a los ciudadanos de nuestra área sin favoritismo. Ayúdales a abstenerse de la deshonestidad. Líbralos de la corrupción, de la avaricia y el soborno. Señor, te pido que les des consejeros sabios y sabiduría de Dios a nuestros líderes. Gracias por derramar tu misericordia sobre nuestra nación. Amén.

Escrituras para los líderes de nuestra nación

¡La Roca! Su obra es perfecta, porque todos sus caminos son justos; Dios de fidelidad y sin injusticia, justo y recto es él.

DEUTERONOMIO 32:4

Por el Señor son ordenados los pasos del hombre, y el Señor se deleita en su camino. Cuando caiga, no quedará derribado, porque el Señor sostiene su mano.

SALMO 37:23-24

Haz resplandecer tu rostro sobre tu siervo, y enséñame tus estatutos. Ríos de lágrimas vierten mis ojos, porque ellos no guardan tu ley. Justo eres tú, Señor, y rectos tus juicios. Has ordenado tus testimonios con justicia, y con suma fidelidad.

SALMO 119:135-138

El Señor sostiene al afligido y humilla a los impíos hasta la tierra.

SALMO 147:6

La justicia engrandece a la nación, pero el pecado es afrenta para los pueblos.

PROVERBIOS 14:34

Como canales de agua es el corazón del rey en la mano del Señor; Él lo dirige donde le place.

PROVERBIOS 21:1

Cuando los justos aumentan, el pueblo se alegra; pero cuando el impío gobierna, el pueblo gime... El rey con la justicia afianza la tierra, pero el hombre que acepta soborno la destruye... El rey que juzga con verdad a los pobres afianzará su trono para siempre.

PROVERBIOS 29:2, 4, 14

El que oprime al pobre afrenta a su Hacedor, pero el que se apiada del necesitado le honra.

La justicia engrandece a la nación, pero el pecado es afrenta para los pueblos.

PROVERBIOS 14:31, 34

Todo esto lo hizo mi mano, y así todas estas cosas llegaron a ser, declara el Señor. Pero a éste miraré: al que es humilde y contrito de espíritu, y que tiembla ante mi palabra.

ISAÍAS 66:2

Exhorto, pues, ante todo que se hagan rogativas, oraciones, peticiones y acciones de gracias por todos los hombres; por los reyes y por todos los que están en autoridad, para que podamos vivir una vida tranquila y sosegada con toda piedad y dignidad. Porque esto es bueno y agradable delante de Dios nuestro Salvador, el cual quiere que todos los hombres sean salvos y vengan al pleno conocimiento de la verdad.

1 TIMOTEO 2:1-4

Epílogo

Oh, qué amigo nos es Cristo

Oh, qué amigo nos es Cristo,
Él llevó nuestro dolor
¿Estás débil y cargado
De cuidados y temor?
Jesucristo es nuestro amigo:
De esto prueba nos mostró
Él nos manda que llevemos
Todo a Dios en oración.

A Jesús, Refugio eterno,
Dile todo en oración
Pues para llevar consigo
Al culpable, se humanó.
¿Vive el hombre desprovisto
De paz, gozo y santo amor?
¿Te desprecian tus amigos?
Cuéntaselo en oración;

El castigo de su pueblo
En su muerte Él sufrió;

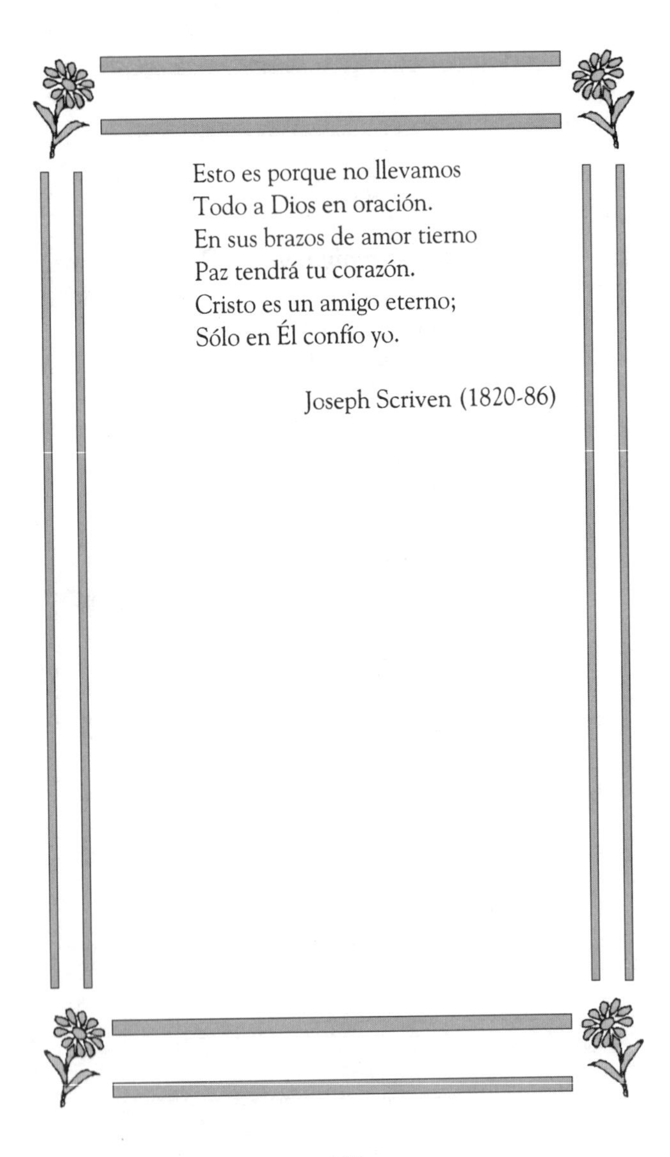

Esto es porque no llevamos
Todo a Dios en oración.
En sus brazos de amor tierno
Paz tendrá tu corazón.
Cristo es un amigo eterno;
Sólo en Él confío yo.

Joseph Scriven (1820-86)

Bibliografía

Quin Sherrer y Ruthanne Garlock. *A Woman's Guide to Breaking Bondages* (Servant, Ann Arbor, Mich.: 1994).

Quin Sherrer y Ruthanne Garlock. *A Woman's Guide to Spirit-Filled Living* (Servant, Ann Arbor, Mich.: 1996).

Quin Sherrer y Ruthanne Garlock. *A Woman's Guide to Spiritual Warfare* (Servant, Ann Arbor, Mich.: 1991).

Quin Sherrer y Ruthanne Garlock. *The Spiritual Warrior's Prayer Guide* (Servant, Ann Arbor, Mich.: 1992).

Quin Sherrer y Ruthanne Garlock. *How to Pray for Your Family and Friends* (Servant, Ann Arbor, Mich.: 1990).

Quin Sherrer con Ruthanne Garlock. *How to Forgive Your Children (Lynnwood, Wash.: Aglow, 1989).*

Quin Sherrer. *How to Pray for Your Children (Lynnwood, Wash.: Aglow, 1986).*

18/5 Irma